植島啓司
伊藤俊治

共感のレッスン

超 情 報 化 社 会 を 生 き る

集英社

目次

共感のレッスン

超情報化社会を生きる

はじめに
「とりあえず脳や心のことはパスしよう」

植島啓司

1

今から三十年ほど前に美術史家の伊藤俊治《いとうとしはる》さん（東京藝術大学教授）と毎日のように往復書簡のようなかたちで連絡をとって書き上げたのが『ディスコミュニケーション』だった。[*1] コミュニケーションの発達が我々を取り巻く世界の謎を明らかにするどころか、むしろ謎を増幅する働きしかしないというパラドクスを、様々な分野を横断しながら論じたものである。当時は同じような危惧を抱いた人も多かったようで、タイトルは流行語のようになって広まっていった。

我々がめったに考えないようなことが身体のレベルではたくさん起きている。フランス・ドゥ・ヴァールも書いているように、誰かが悲しい話をするのを聞いていると、我々は無意識のうちに肩を落とし、相手と同じように首を傾げたり顔をしかめたりする。[*2] するとそうした身体の変化が、我々が他者の中に読み取るものと同じ気落ちした状態を自分の中にも生み出す。頭で相手の頭の中のことを考えるのではなく、身体が相手の身体を映し出す。そうしたことが日本文化におけるカタ（型）の重視ということにもつながってくる。

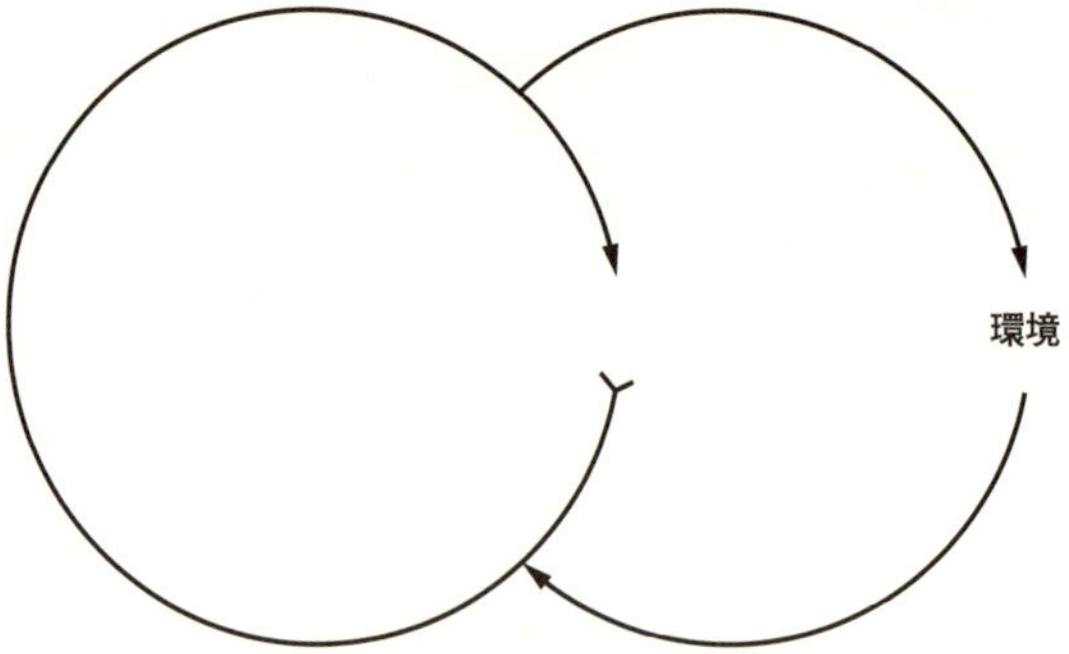

図A

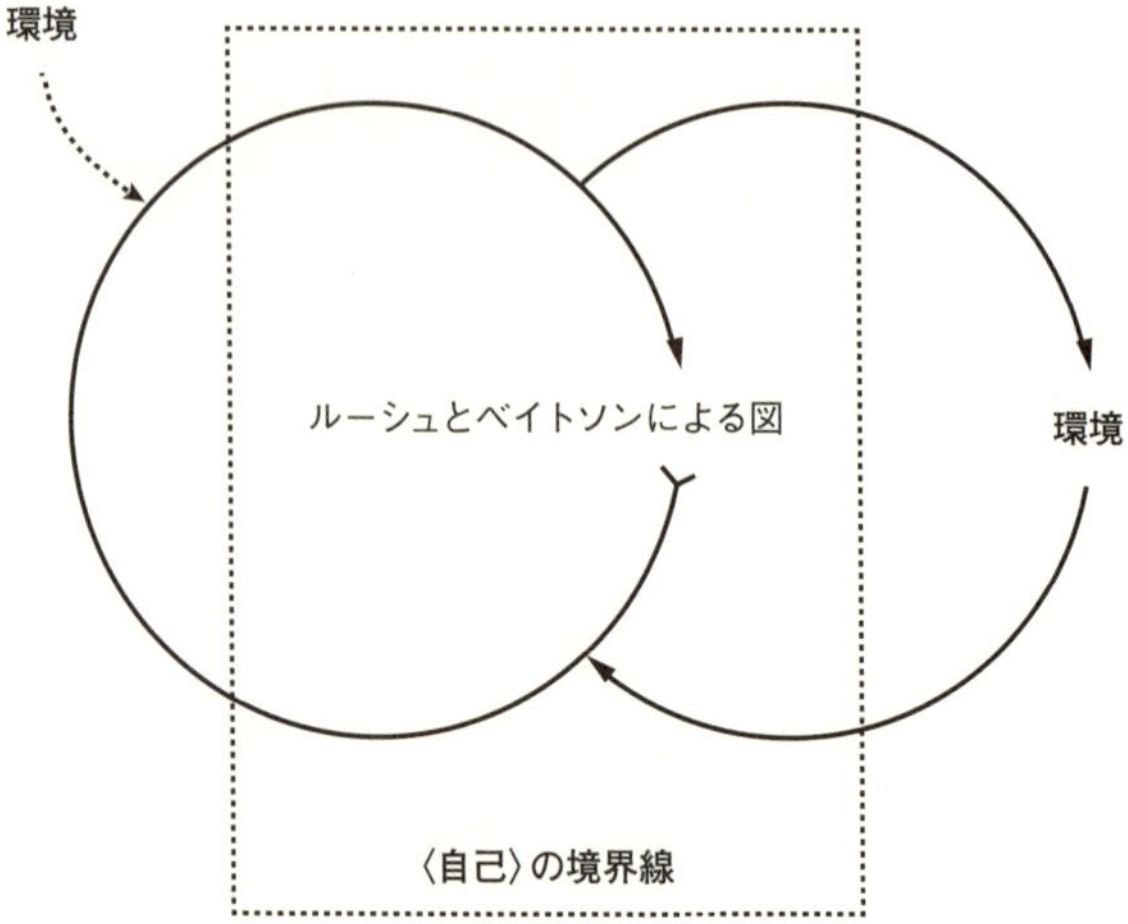

図B

ただ座ったり、歩いたり、ご飯を食べたりすることが、いかに大事かということだけれど、まずはやっかいな脳や心のことはいったんパスしたいと思っている。むしろ、心や脳といった問題を多く抱えた領域をパスすることによって、生命現象の本質に迫れるのではないか。

その『ディスコミュニケーション』の冒頭で、精神医学者J・ルーシュと人類学者G・ベイトソンが示した図をここでもう一度ご覧になっていただきたい[*3]。だいたい我々は、この身体と神経系によって想定された領域の外へふみ出すことができないと言われてきた。ところが、これまで我々の内部（「自己」）と思われていた領域に外部（「他者」）が侵入したり、また、外部と思われていた領域が実際には内部に属していたりということが次第にわかってきたのである。

図Aは、ちょっとややこしい言い方になるが、有機的組織体の内部の因果性のサーキット、つまり生命体（左の円環）が環境に働きかけたり、環境によって働きかけられたりする状況を示している。それに対して、図Bは、文字どおりの「自己」（わたし）と「他者」（外部）の境界線が、それほど明確ではないことを示している。

点線で表示された「わたし」の境界線は、いわば伸縮自在である。有機的組織体は、その境界線の外側にありながら密接に内部と結合するさまざまな対象や出来事（義歯、コンタクトレンズ、人工心臓など）を、「わたし」の内部に含みこむ。そして、反対に、それ自身に属しつつも、コントロールできない部位やその機能（排泄物、唾、垢、目やに、抜けた毛、血など）を、環境の一部として「わたし」の外に締め出すのである。いったい「わたし」と「わたしでないもの」の境界線はどこにあるのだろうか。

2

九〇年代に入って、免疫学が流行したときに興味深い例につきあたった。ニコル・ルドワラン女史の実験で、簡潔に言うと、ニワトリの頭になる部分にウズラの頭の部分を移植すると、その鳥はいったいどちらになるのだろうかというもの。当時は脳と中枢神経系こそが生き物の総司令部であって、そこがおかしくなるとその生き物は死んでしまうと考えられていた。歯が抜けても、手足を失っても、「わたし」であり続けることはできるが、脳がなくなったらもはやその生き物の「わたし」はどこにも存在しなくなると思われていたのである。ところが、その実験の結果は大方の予想を裏切るものとなった（34ページ参照）。

当時、免疫学はもう一つの大きな問題を抱え込んでいた。免疫反応とは、もし異物が体内に入ってきたらそれを撃退するために「自己」（わたし）と「他者」（それ以外のもの）を峻別する仕組みだと定義されている。ところが、子宮のなかの胎児は母親とは異なる遺伝子をもって生まれてくるわけで、それならどうして母親の免疫系は「異物」である胎児を攻撃しないのかということになる。両親の遺伝子を継承して生まれてくる胎児は母親の身体からすると「わたしでないもの」（他者）であって攻撃の対象となるはずであった。しかし、なんとこれまで「わたし」にとって敵と思われていたものによって胎児が攻撃を免れていたという仕組みがわかってきたのである（37、65ページ参照）。

その仕組みを調べていくと、もはや「わたし」（自己）は「あなた」（他者）であり、「あなた」は「わたし」であるということがいよいよ鮮明になってきたのだった。

3

さらに、わりと最近になって、人類学者レヴィ＝ストロースが「アメーバの譬え話」という短いエッセイを書いていることを知った。[*4] アメーバは細菌性粘菌の一種だが、興味深いことに栄養が足りなくなったり餌がなくなると、そのプロセスとして密集して、全体で一つの生命体へと変化する。そして、それは粘菌が社会性をもつということを意味している。もうちょっと言葉を加えると、要するに食べ物のバクテリアが豊富だと動物として移動しつつ餌を探すわけだが、食べ物がなくなると植物となって胞子を散布するということになる。そんなふうにしてアメーバは生物の分類区分である動物と植物の間を自由に行き来しているように見える。このことは南方熊楠《みなかたくまぐす》の粘菌研究などを通じてもともと知られてはいたのだが、その詳細なプロセスを目の当たりにすると、いわゆる単細胞生物が知能を持っているかのように見えてくる（70ページ参照）。

そこで、どうして多細胞生物が生まれたのかという不思議に直面することになる。単細胞から多細胞への移行は、恐らく最初の臓器としての腸をつくることを意味しており、**腸をつくるということはすなわち免疫システムを構築することに他ならない**。生き物は腸を通じて外界と物質のやりとりをするわけで、外界と接触する最前線で免疫システムが働くようにするのは当然のことなのだった。

では、生き物の腸ではいったい何が起こっているのか。

一般には、腸は消化器官の中枢を占めるもので、身体に必要な栄養を摂取し、異物を見分けて排除する部位と理解されてきたが、実際に何が起こっているかはよくわかっていなかった。そこで、腸ではたらく乳酸菌やピロリ菌などの共生細菌（ここでは便宜的にウイルスも含めて考える）について踏み込んで考えてみることになる。腸内には何億、何十億という細菌が生息していて、それらは人間が生きていく上で必須のものであることはわかっているものの、これまでそれらは「わたし」ではないと考えられていた。ところが、最近そうではないことが明らかになってきた。

人間の細胞の数はおよそ六十兆個と言われているが、共生細菌はその十倍以上もあって、一千兆個とも言われている。総重量では脳よりも重い。つまり、人の体内にある遺伝子の九九％は共生する微生物のものだから、僕らは九九％他者から成り立っているとも言える。しかも、それら共生細菌は「細菌」とはいうものの、むしろ人を助ける働きをしていることがわかってきた。ここに至って、人体の働きにおいてもっとも重要な位置を占める免疫反応、すなわち、「わたしの中の他者」を見つけて排除する機制に対して、逆に**「他者の中のわたし」に反応して共生させるような機能もまた存在しているのではないかと考えられるようになってくる。**伊藤さんがつねに語っている「免疫システムは単に『自分とは異なるもの』を排除するためのものではない」（42ページ参照）という言葉の真意はそのあたりにあるのではないか。そう思えてきたのだった。

4

アメーバなどの細胞性粘菌を観察した結果からすると、「細胞の集合体にせよ、生物の群れにせよ、特定の刺激に対して、無意識にかつ集団的に反応し、個々の部分には見られない特性をもつ機能的な総体になり得るという考え方」（ライアル・ワトソン）が成立する[*5]ことになる。こうしたことは私たちの身体があくまでも物理的なプロセスとして説明できるものではなく生物としての機能をまず第一に考えなければならないということではないか。

すなわち端的に言うと、脳の働きを物理的なモデルで考えてはならないということだ。しかも、本文で取り上げた共感細胞（ミラーニューロン）の例でもそうだが、人間は物事の知覚をそんなに複雑な手続きを経由して行っているわけではないと思われるようになってきている。例えば、目の前にクッキーがあったとする。人はそのクッキーを前にして、おいしそうな形状を見たり匂いをかいだりしてから、感覚神経を通じて脳にその情報を伝達し、脳がクッキーと認識し、運動神経に命令を下してよだれを垂らす、従来はそのように説明されてきた。しかし、そんなややこしいプロセスを経由しなくても、人はクッキーを見た瞬間に反射でよだれが出てくるようになっている。つまり、身体にやってくる刺激をどう受け取るかというと、自分がその刺激に対してどう反応しているかを自分自身でモニターすればいいわけだ。とにかく自分の身体の反応を見れば何が起こっているかわかるわけで、そういう身体の動きのパターンが蓄積されていくと考えればいい（47ページ参照）。そんなふうにして僕らは物事に対処しているのである。

僕らの思考は、あくまでも直線的に進むため、同時に二つのことを考えることができない。また、「AであってBではない」という論理には親しんでいても、「AであってBである」という同一性の論理についてはうまく説明することができない。僕らの日常が、「おはよう」「あっ、おはよう」とか、「Aさん、さようなら」「Bさん、さようなら」とか、

「あっ、飛行機だ」「ああ、飛行機だね」というように、たいてい同語反復で成立しているにもかかわらず、まるで差異性の論理から成っているように思わせられてきた。しかし、どちらかというと生物では同一性の論理がなによりも優先するのである。

5

僕らは長い間、それも数千年以上前から、「現実を現実たらしめている認識そのものが実は虚構かもしれない」と考えてきた。近代に入ってそうした考え方は科学的ではないと否定されるようになったが、それでも人々の信仰は揺るぎなく現在まで継続している。たかだか二百年くらいの合理的な思考の歴史にくらべれば、そちらは恐らく人類が始まって以来今日まで脈々と受け継がれてきている（90ページ参照）。人々は「もう一つの現在進行形の時間がある」とか「人の魂は循環してあらたに別の身体に宿る」という考え方からなぜ離れないのだろうか。

そうしたテーマをパラレルワールドとして改めて提起したのが一九八〇年代のサイバーパンクで、それは「人間の脳とコンピュータ・ネットワークを直結することによって浮かび上がる仮想空間で起こるドラマ」と理解できるだろう。つまり、この我々が生きる現実とは別のもう一つの現実があるというのがその発想の原点だった。その端緒を開いたのがジェイムズ・ティプトリー・ジュニアの「接続された女」で、まさにそのストーリーこそ「現実を現実たらしめている認識そのものが実は虚構かもしれない」という考え方の現代的な展開だったと言えよう*6（84ページ参照）。

遠隔操縦キャビネットのなかに入れられて、特別仕様のアンドロイドのような美少女と結ばれたP・バークという女の子の運命を扱ったこの短編によって、僕らは現に起こりつつあることをようやく理解できるのだ。スーパーフラット、ボーカロイド、AKB48、整形、脳死、アキハバラ……それらは全て同じ問題領域に属する事柄だったのである。

6

これまで伊藤さんと何度も議論を重ねてきたことだけれど、そう考えると、「人間の記憶は脳の外に蓄えられる」という発想も、もちろんあまり科学的ではないことは承知しているが、それほど突拍子もないことではないように思えてくる（112ページ参照）。これはフィリップ・K・ディックのSF『ヴァリス』の延長線上にあるもので、いわゆるシェルドレイクの「形態形成場」の発想でもある。

よく考えると、なぜ渡り鳥は自分たちの行き先がわかるのか、なぜサケは産卵のために何千キロも離れたところからもとの川に戻って来れるのか、そういう疑問に答えるには、その種のみに伝えられた特別な記憶があるとしか説明できないのではないか。なぜ何千キロも離れたところに置き去りにされたペットが家に戻って来れるのか、なぜ人は背後からの視線を感じることができるのか、僕らを取り巻く多くの謎を挙げたらきりがない。それらは全て答えを脳の働きに還元して理解しようとするから逆にわからないだけなのではないか。最近、偽の記憶を脳に埋め込むことに成功したというニュースが流れたが、そんなことだって可能になる時代がやってきているのである。

もしかしたら僕らは本来さまざまな能力をもって生まれた錯乱した存在（ホモ・デメンス）なのかもしれない。世界中の多くの儀礼や習慣に見られる憑依現象《トランス》や、とらえがたい夢や、人に容赦なく襲いかかる狂気などは、むしろ人間にとって固有の贈り物なのかもしれない（126ページ参照）。古代の歴史には数知れないほどの神託や占いや託宣があふれかえっている。それには僕らの知らない理由が隠されているのではなかろうか。そこから「転生」についての議論に至るプロセスには多くの問題が含まれているのも了解している。しかし、そうしたこれまで人類の想像力がたどった道筋を考えることによって、僕らの「共感のレッスン」は、さらなる重要な示唆を生むことになるだろう。とにかく、まずは、心や脳を人間存在の司令塔といった役割から解放して身体の一部に戻してやることが必要となってくる。そこで登場するのが「共感」というキーワードだ。それが本対談のスタートラインとなる。

第1章　グローバル・ブレイン

伊藤　一九八八年に植島さんと出した『ディスコミュニケーション』から三十年近く過ぎたのですが、[*1]基本的にそこで語られていることは今も有効性を持っていると思います。この三十年、情報の密度や量がそれ以前では考えられないほどになり、拘束感や不自由さが増してゆくように感じていますが、そうした閉塞化状況が進む中でコミュニケーションの病理的な問題が再び連鎖反応を起こしているようです。

植島　一九九〇年代以降、**グローバル・ブレインという言葉で代表されるような事態がやって来ている**わけですが、本章のテーマは、その功罪についてですね。つまり一方で、我々個人の中に押しこめられていた脳が互いに外部にネットワークを形成しつつあって、それによって個人同士が自由に結びついて作られるコミュニケーションの一種のユートピアみたいなものが考えられている。例えば、ツイッター、フェイスブック、スカイプ、YouTube、インスタグラムなど、とにかく色々なメディアを通して個人と個人の自由な結びつきが可能になってきた。それはもちろんすばらしいことなんですが、もう一方で、また別に大きな問題が出てきていることにも注目しなければなりません。いわゆる検閲の問題ですね。みんなが自由に色々なメディアを通してしゃべり合っていても、相手が本当に本人なのかどうか分からない、また、いつも誰かに監視されているのではないかと不安になる、さらに、自分の言ったことが他の人たちによって自由に操作されてしまうのではないかという不信感もあって、みんな落ち着かない状態になっている。一種の「自己免疫反応」みたいなことが起こっている。このことはメディアにとっては死活問題で、なんでもコピーが可能になってしまうとメディア自身の存立が大きく揺らぐことになる。**音楽CDや本が丸ごとコピーされるようになると、「デジタル化されたものはいずれ無料になる」（クリス・アンダーソン）という新しい現実に直面することになるし、**[*2]**しかも、何がオリジナルか誰にも分からなくなる。**その反作用として、経済活動の根幹の部分も必然的に変わらざるを得なくなる。現在起こりつつある状況というのはコミュニケーションの未来にとって非常に大きな進歩と見られがちなんだけれども、その一方で、脳そのものの働きはむしろ縮小化、劣化しつつあるんじゃないかという懸念も生まれてきている。

伊藤　個人の身体の内部に押しこまれていた脳が、緊密なネットワークをかたちづくりつつ外部へどんどん拡がりだして生まれている、グローバル・ブレインなるユートピアは幻想なのではないでしょうか。

植島　そうですね。新しいコンピュータ・ネットワーク等の出現により個人と個人の自由で開放的な結びつきが保証されるはずだったのが、むしろ巨大多国籍企業による情報の独占化が進行するという事態になっている。脳が外へ外へと拡がるにつれ、我々はどんどん自閉化の度合いを強めてゆく。グローバルとは正反対の方向に向かい、脳は委縮しつつあるかのようです。脳の外化は、皮肉なことに、脳そのものの縮小化をもたらしている。身体でも同じことで力仕事をしなくなると筋力がどんどん落ちてゆきます。そうした事態に対処する処方箋はいったいどこにあるのかということですね。

伊藤　我々の中で**身体を介したアナロジーがどんどん失われてゆく**感覚があります。それは脳の外化が脳自体の縮小化を促してゆく時代の様々な問題と並行して浮上してきている。「わたし」が限りなく「ゼロ」をめざしたり、究極の「一」を求めて幾何学級数的に増殖し続けるような。そうした状況の中で、脳を外部に拡大してゆくのではなく、もう一度、身体を通したアナロジーを身体に返す仕組みがとても重要になってきている。

植島　そうですね。現代社会では基本的に脳化というか、脳全能化みたいなことが謳われてきたわけです。文化はその脳の延長にあるという考え方ですね。もちろんコンピュータも。しかし、そうすると何が起こるかというと、身体性の抑圧という現象が生じてくる。身体性というものが脳とか中枢神経系に従属するものとして抑圧されてしまう。つまり、それは端的に言うと**性と暴力の隠蔽《いんぺい》**となるわけです。もちろんそのままではなく、ほとんど操作されてメディアに出てくるようになる。例えばかつてのイラク戦争の報道のように、非常に情報操作が巧みになってきていて、誰一人死者も負傷者も出ていないような、ただ火花だけが散っているようなニュース映像が世界に配信されることになる。生身の人間が死んでいる状況が感じとれなくなっている。そういう風潮はおかしいんじゃないかとようやくみんな気がつきはじめた。脳は発生的にも身体の形成の一部分として生まれてくるわけで、神経系のコブのようなちょっとした変形の結果とも言えるわけですね。脳と身体の関係は、当たり前のことですが、脳はいつか身体の一部に回収されてしまうものなんです。それが死ですね。その順序は逆にはならないということだと思います。

伊藤　今や**自分というデータは全て外部に記憶されている**ような不思議な状況の中に我々は生きています。スマホに日々のあらゆるやりとりが残されていますし、交通系ICカードのパスモやスイカなどには移動経路や買物歴などの自分では把握できない厖大《ぼうだい》な記録が蓄積され、パソコンには銀行口座の履歴や生活の変化さえ記録されている。検索履歴やネットの使用状況から個人が特定できるようにもなっている。自分は空っぽなのに外には様々な自分が漂流している。そういう意味で、もはや僕が知らない僕の情報を外部の記憶媒体が吸収してしまっています。僕以上に僕らしい何かの情報構造体があって、それが僕と対応しているような状況ですね。しかもそれが個人で収まればいいのですが、それらが全てクラウド化され、衛星状になって地球の周りを回っている。人間はこれまでも脳とか身体の機能を物質とか社会へ置きかえてきましたけれど、そうした事態が進展し、自分よりも自分らしい存在をどこかに作っているような情報環境が既にできあがっている。

植島　自己のシミュラークルみたいなものですね。[*3]

伊藤　ええ。自分が知らない自分がたくさん宇宙から降ってくるみたいな。人間が次々と外在化されて、それが今度は逆に人間をコントロールしていく。そういう状況が現れ、情報の結節点のようなものにアイデンティティを求めるようになる。もはや自己というのは世界の様々な事象が集約されるミクロコスモスではなく、世界とつながる交換スイッチの集合体のようになっている。そのような状況では二元論的な思考が役に立たない。ああでもあり、こうでもあるという思考が標準化する。自分の記憶もどんどん外在化され、経験もコンピュータが作りだしたものになってゆく。このようにして巨大に膨れあがり続けるスイッチの集合体をもう一度、新たな身体の動きに還元してゆくしかないように思えます。

植島　なるほど。

伊藤　最近、『ディスコミュニケーション』を出した時代と同じように、ＶＲ（ヴァーチャル・リアリティ／仮想現実）やＡＲ（オーギュメンテッド・リアリティ／拡張現実）といった技術が新しい段階に入り、再び注目を浴びています。デバイスが進化したこともあり、ゲーム業界やテーマパーク、映画産業などで大きな集客要因となってきました。こうした傾向が加速していることも社会が行き場を失いつつあることの徴《しるし》かもしれません。我々が「幻想」と呼んできたものに対して、単なる幻想扱いではなく、人間の情報処理の思考パターンに関わる新しい解釈が必要になってきている。植島さんは四半世紀ほど前に「ＶＲ《ヴァーチャル・リアリティ》時代の宗教は？」と題した論考で[*4]、フィリップ・Ｋ・ディックの構想したエンパシー・ボックスという装置に注目していました。[*5]これは新興宗教マーサー教の教祖ウィルバー・マーサーとの肉体的な融合が可能になるマシンで、ハンドルを握っている全ての人々に同じ感情や感覚が生じる。多数の人間の一つに混じりあった思念のざわめきを自分の中に聞くことができ、教祖と一体化できるというものでしたね。

植島　ええ、この作品の刊行は一九六八年ですが、今読んでも時代をずっと先取りした作品だったと思います。ディックのテーマは、精神をいかに制御できるか、いかにしたら現実の呪縛を解くことができるかという方向に向いていましたから、エンパシー（共感、共有）という概念は欠かすことができなかったのでしょうね。

伊藤　エンパシー・ボックスのような感情装置を、植島さんはネイティブ・アメリカンのプエブロ族の儀礼が立ち上がらせる空間キヴァになぞらえていました。つまり複数の現実が交錯し、我々のいる現実に進行する時間とは異質な時間が流れ、我々がいる空間とは異質な空間が立ち現れる。そうした儀礼が彼らの日常生活を調律している。そしてその儀礼により現実世界が実は作りだされたVR世界のようなものであることが覚醒され、リセットされる。

植島　そういうことですね。今の時代のように人と人の関係が希薄になり、共有できるものがなくなってくると、人は一足飛びに癒しをエンパシー・ボックスのようなものに求めたり、身近なペットに依存したりするようになる。ところが、伝統的な社会ではそれを**神話や祭りの空間を立ち上げることによって解決しようとしてきた**わけです。

伊藤　現実がむしろ虚構で、現実を超えた向こう側にこそ我々は存在しているのかもしれないという思いは、宗教の要になっています。

植島　ええ。この世の外側に真実があるというメッセージ、「現実を現実たらしめている認識そのものが実は虚構かもしれない」というメッセージは、仏陀が二千年以上も前に看破したことで、それ以来、我々の思考の一つの核となってきました。そう簡単に捨て去ることはできないものだと思います。だから時代ごとに姿を変えて現れたり消えたりしてきたわけですね。

伊藤　実はこうした現実とパラレルなサイバースペースを喚起する方向とは別な動向も現れています。例えばスマートフォン向けのＡＲ技術を使ったゲーム「イングレス」(Ingress) が人気になりました。グーグルマップと連動し、自分が外の世界に出て、動きまわり、自分の足と身体で場所を体験することが基本です。謎の存在シェイパーが地球の様々なポイントを通して人類に何らかのメッセージを送り続けているというのがゲームの核心で、実際の神社や公園でゲームアプリを開くとそのポイントにＸＭ（エキゾチックマター）と呼ばれるものが現れてくる。その謎の存在に対し、青と緑というグループに分かれ陣地を取り合うという単純なゲームです。緑のグループはそのメッセージを受け入れ、変化を恐れず突き進む派、青はそれを危険とし、検討しようとする派です。

植島　実際にいくつもの場所を移動していくわけですね。

伊藤　「アドヴェンチャー・オン・フット」という惹句《じゃっく》通り、実際に歩き、体験するという要素が大きい。同じポイントに情報がいくつも重なりあい、世界が層状になり始める。

ゲームをやっていない人々の見ているシングル・リアリティの世界とは別の世界が重なり合い生まれている。

植島　つまり、VRは伝統的な社会における現実の捉え方を、二十一世紀になって新たに展開可能にしたというわけで、ちょっとわくわくする話なんですが、そのゲームって本当に面白いんですかね（笑）。

伊藤　同じ開発者が「ポケモンGO」などを作って流行はしているのですが。ただこのゲームの発想で注目したいのは、コンピュータの中では完全な有機的身体は再現できないという断念が基本になっていることです。人間は脳だけでなく、身体の隅々に張り巡らされた神経や感覚との、密度を持った強い連携により成立しうる。身体全体を使い、移動していくことが人間の本質であるという点に気づくということなのです。

植島　身体を動かすことによって脳の可能性を押し広げるという発想は、アマンリゾートや星野リゾートなどが登場してきた背景とも重なってくる。

伊藤　「イングレス」は、**記憶が自分の脳の中にではなく、世界の場所そのものに積層化されているる**ことを改めて気づかせます。つまりポイントを巡り歩いていくと色々な記憶が蘇ったり、湧きあがったりする。人を新しい場所に移動させ、今まで気づかなかったことを感知させたり、自分の周りの新しい世界に目を向けさせ、行為を促してくれる。今、流行しているVRの方向は現実を置き換えたり、現実から人を切り離す方向のものがほとんどですが、これは現実に人間を重ね、つなげてゆこうとしてますね。

植島　そう言えば、サイバーパンクの傑作『マトリックス』（一九九九）ですが、確か日本封切り前に偶然ネパールのカトマンズで見ることになりました。ノートに一九九九年九月二十二日と日付がふってある。なんと入場料百ルピー（当時百五十円）で飲み物つき。観客は六名。映画も確かにTVゲームをやっているみたいで痛快だったけれど、結局ストーリーはよく分からぬまま上映終了。首をかしげながらインドラジャトラ（祭り）の調査に舞い戻ったのをよく憶えています。その後、帰国してからも見たわけですが、やはり最初にネパールで見たということは大きなポイントとなりました。なにしろ仏陀の生まれた地ですからね。

伊藤　人間の体験というものが、場所そのものと深く結びついていることが分かりますね。VRやARに関連して、もう一つ付け加えると、近年、仮想世界におけるアバター（変装技術）を使ってコミュニケーションを行うケースが増えています。これまで人間は実在と表象という二つの概念により他者との関係を理解してきましたが、その概念上の区別がつかない時代に突入してしまった。そのことが他者への心理や関係に大きな影を落としています。

植島　アバターって、フェイスブックのプロフィールのところに貼りつける写真などのことですね。別に自分自身でなくてもよくて、ペットの写真にしている人もいますね。

伊藤　そうしたものだけでなく、ボーカロイドやＬＩＮＥのスタンプなど広範囲に広がっています。こうした変装技術を多用していると、自分は実在しているのだが、必ずしもそうとは限らないという矛盾に満ちた撞着状態を招いてしまい、自分自身や現実との関係に重大な変化が起きてしまう。さらに言えば、人間は極めて複雑な存在ですが、変装技術世界では自分を単純化し、象徴化する必要に迫られます。例えば、実際の顔と合成モデルを混ぜ合わせたアバターが発達してゆけばゆくほど、現実を認識したり判断する基準が揺らぎ、自己は流動性を帯び、その混合度は多様化してゆきます。

植島　これまでだったら自分のプロフィールのところに猫の写真を貼ったりする人はいなかった。でも、今はその猫によって自分を表現しようとする行為が楽しいと受け取られるようになってきたということですね。以前、と言っても三十年も前のことですが、僕が不在中に大学の研究室のドアに女子学生の名刺がテープで貼りつけられていたことがあった。しかも裏に本物のキスマークが付けられていたんですね。口紅の跡が生々しくて、そんなことはしなかった時代だったので、ちょっとびっくりした記憶があります。

伊藤　ＬＩＮＥのスタンプみたいなものですか（笑）。考えてみればＶＲは、数学モデルを媒介に現実モデルを作ろうとする技術ですが、これまで我々が現実だとみなしてきたものをヴァーチャルに表象する技術進化が極まれば現実そのものも変化してゆく。そして植島さんが指摘したように、**現実とはあくまでも我々が現実だとみなしている幻想の一種**だと分かってくる。つまり大切なのは現実の変容というより、我々の理解や感知の仕方です。

植島　そう言えば、僕も一九九一年に「仮想環境システム」という論文を書いたことがあります。*6 ちょうどMIT（マサチューセッツ工科大学）のメディアラボに取材に出かけてVRが生まれるところを見たばかりだったので、興奮したのかいきなり長いレポートになってしまいました。まだVRの訳語が定着する前だったので自分なりに「仮想環境システム」と名づけたのですが、全く一般化しませんでしたね。だから、未だに「ヴァーチャル・リアリティ」という言葉は嫌いです（笑）。その冒頭が「死んだ両親とトランプをする」という章で、そこに次のように書きました。「われわれの外側にあると思われてきたものが、実際にはわれわれの内側に存在していたり、またはその逆であったりすること。また、目に見えない緊密なネットワークがわれわれのまわりに張り巡らされて、なにが真の意味でリアルかわからなくなりつつあるということ。そうしたことによって、これまでとは異なる、さらに高度なメディア・テクノロジーの『鋳型』（記号系）が必要とされるようになってきたのである」。まだ時代はその延長線上にあると言えるのではないでしょうか。

伊藤　アフリカの部族や台湾の先住民の社会では今でも子供が生まれると「瘢痕《はんこん》」や「紋面《もんめん》」といった刺青《いれずみ》を顔や身体に施すところがある。これは言わば変装技術と同様に人間の顔や身体を単純化し象徴化する方法です。そうした部族社会では生の顔は存在せず、顔と

ドイツ、ドレスデンの民族博物館のワールドカルチュアゾーンの交流展示空間
世界のグローバル化と共に、仮面仮装や刺青ばかりではなく、様々な民族的な多様な差異が大きな注目を集めている。これも広義の身体文化の復活の印だろう。（撮影＝伊藤俊治）

は何らかの加工を施されたもので、宗教的というか、儀礼的な意味を持った痕跡です。恐らくヴァーチャルなコミュニケーションでもそうした痕跡のメカニズムに似たシステムが求められてゆくのではないでしょうか。世界的なタトゥー・ブームもそうした動きとシンクロするのかもしれません。

植島　なるほど、面白いですね。

伊藤　でも、瘢痕や紋面はなんでもいいわけではなく、非常に個人的なものであり、危機や成長に関係したものになる。子供が生まれた時刻や成人の印や予言された死の時間とか、そうしたものが顔や身体に刻み込まれる。それは通過儀礼であり、人間の生と死をそのような象徴として生きる覚悟と決心の表明にもなっている。身体というのはメディアの汚染を最小限に食い止めうる存在です。こうした**メディア汚染の程度が最も低いものが身体であること**を改めて考える時代なのかもしれませんね。

第2章

自己免疫反応

——自己と非自己はどう区別されるのか

伊藤　今の時代のように、ある現実が別の現実よりも優勢になってゆくと、私たちは病理的な空間に入りこんでゆく危険性が大きくなる。それを回避するために何らかの方位付けが重要になってくる。つまりもう一度、身体性を介した人間関係やコミュニケーションのシステムを再考してゆく必要が出てきます。

植島　ええ。人間同士のコミュニケーションは、それぞれの意図するところを離れて、身体を通じて新しく結びついてゆくのではないかと思います。それは「人間の脳さえもその一要素であるような自然のシステム」を考えるきっかけとなるように思います。そして、実はそれこそが人類が誕生して以来、一貫して問題にしてきたことではなかったかと思うんですね。

伊藤　そこから再び**自己と他者の境界の問題を考え直してみる**ということですね。我々が住んでいる世界が過剰な自己免疫反応を示し始めたと植島さんが指摘されていましたけど、免疫の問題が人間だけでなく、社会全体に起こってきているんじゃないかということですよね。

植島　そうですね。有名なロナルド・D・レインの例なんですが、例えば次のようなことを想像してみてください。[*1]まず、水を入れたコップに唾を吐き、唾と水を飲み込む。ちょっと気持ちが悪くてできないですね。また、幾らかの水をすする。それをコップに吐き戻して再び飲み込む。どちらも抵抗がある。口の中の唾を飲み込むのはなんともないのに、いったん身体から出してしまうともう、それができなくなる。

伊藤　外部化された途端に変質してしまう。

植島　そもそも自己と他者との境界線って、それほど明確ではないんですね。例えば、唾とか血とか垢とか排泄物などはそのいい例だと思います。それらは身体の中にあるときは自分の一部ですが、わずか一センチでも外にあると、もう違ったものになってしまう。ということは、皮膚というか、身体という袋のようなものの内側が人間であって、外側は人間ではないというふうに見ることができるわけです。糞便、尿、精液、経血、切った爪、吐いた唾など、どれも厳しいタブーの対象となっています。

伊藤　抜けた毛はもう自分ではないし、出血したら血は自分ではなくなる。無機物になるということだし。

植島　それでは切りとられた指や耳はどうなってしまうんでしょう。

伊藤　外部化されたからもう自分ではないはずなのに、触覚や聴覚は残っているような不思議な感じですね。

植島　もっと極端に言うと、脳を手術して取り出したら、自分はその脳の側にあるのか、それとも残された身体の側にあるのか。

伊藤　脳が外部に取り出されて、それでもまだ生きているのなら、外に意識があることになるのでしょうか。生命をどのように認識するかにも関わってきます。

植島　免疫学の多田富雄《ただとみお》さんが問題にするのはそこからなんですね。一九八〇年代のことですが、フランスのニコル・ルドワランという女性研究者が行った実験があります。[*2]ニワトリとウズラの脳幹に当たる部分を発生の途中で交換してみるといったいどうなるかという、とんでもない実験なんですね。もちろんいきなりその実験がなされたわけではありません。それには前史があって、例えば羽の部分を移植するとどうなるかとか幾つかの実験が積み重ねられた結果、最終的には脳に当たる部分を取りかえてしまう、つまり、ニワトリの身体にウズラの脳を移植してしまうと、いったいその動物は自分をウズラと思うか、それともニワトリと思うかという実験に至ったのです。そのニワトリの身体にウズラの脳を持った動物にテストステロンという性ホルモンを与えると、それによってその動物は鳴き始めます。ニワトリの声でウズラのような「キッキッキー」という鳴き声を発したのです。声帯はニワトリですから声はニワトリなんですが、鳴き方はウズラ。個体の行動様式に当たる部分はウズラということになりますね。個体の行動様式、すなわち「自己」のことだから、結論として、脳がウズラだったらその生命体はウズラだということになるところだったのですが、実はその先があって、その生命体は一週間か十日もしないうちに必ず死んでしまう。なぜかというと、そのニワトリとしての身体がウズラの脳を異物として認識して反撃を開始するわけです。ニワトリの自己免疫反応が立ちあがって脳を殺してしまうということが起こったのです。ということは、この動物にとっての自己はいったいどこ

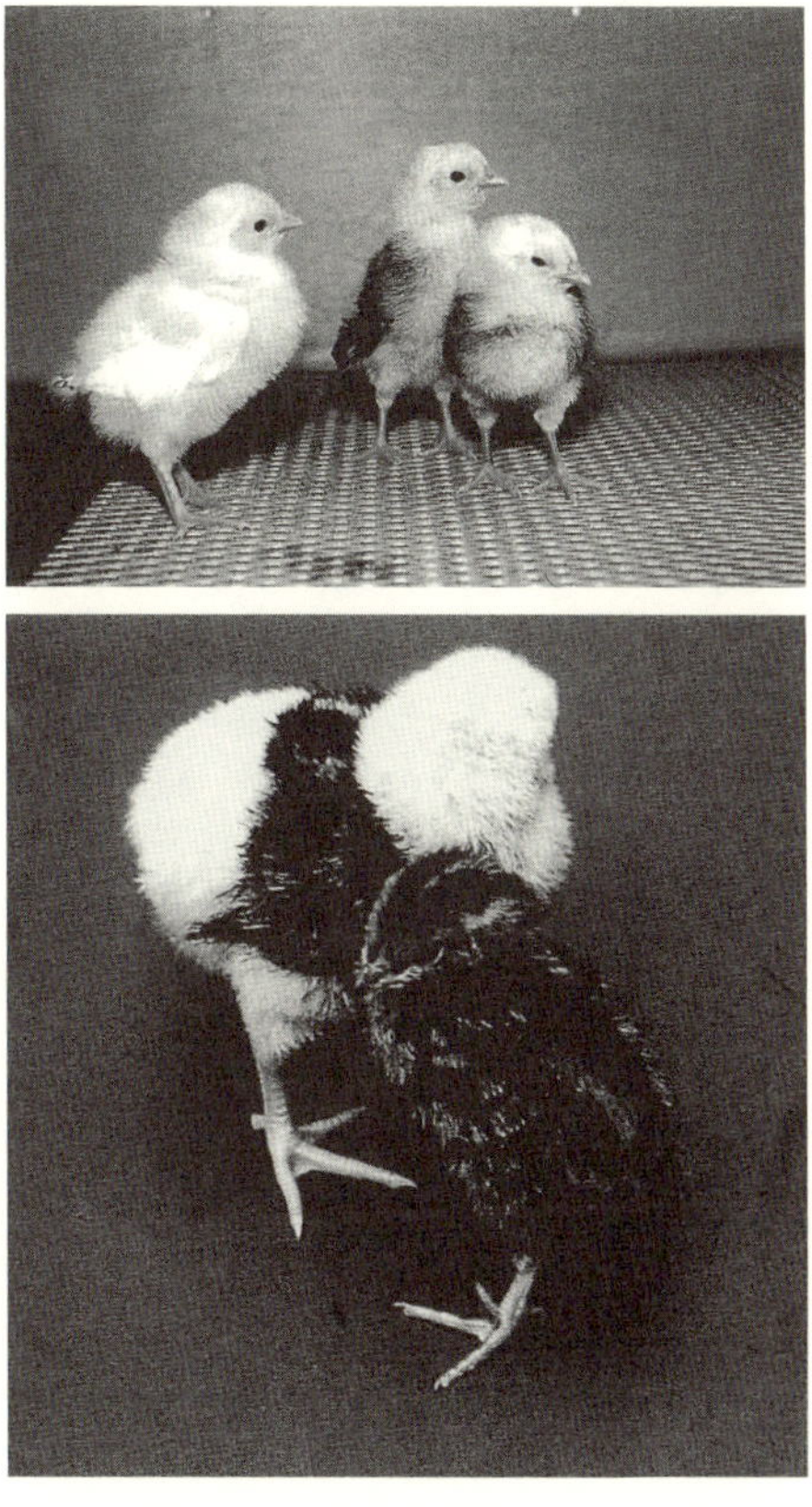

ウズラの組織をニワトリの胚に移植して生まれたキメラヒヨコ
（季刊「生命誌」11号「キメラ胚で脳に迫る」より。撮影＝絹谷政江）

にあるかという問題が、再び浮かび上がってくるわけですね。

伊藤　非常に流動的というか、超越的な自己のありようですね。

植島　基本的に、これまでは指が切り落とされても、その人間はその人間であることに変わりはないとされてきた。伊藤さんが指を切り落とされても伊藤さんは伊藤さんと思われてきたわけです。その切り落とされた箇所が、例えば、手とか脚とかでも同じだし、胃や腸などの内臓でも大丈夫だし、今や心臓でもＯＫとなってきている。しかし、脳だけは例外とされてきた。他のところは切り落とされてもよかったけれど、脳を切り落とされたら伊藤さんは伊藤さんではなくなると思われてきた。しかし、いかなる他の身体もその脳を引き受けないとなると、切り落とされたその脳は伊藤さんではないということになってくる。ということで、基本的に**脳は身体性に従属している**ものだという結論にならざるを得ないんじゃないかと思うんですね。

伊藤　当たり前ですが、脳は身体の一部でしかないと。

植島　免疫系の話を延長していくと面白い問題がたくさん出てくる。例えば免疫系とか遺伝子の観点から見ていくと、人間ってみんな女になる要素を持って生まれてくる。男には必ず女になる要素が含まれているけれども、女には男になるべき要素がない。だから男は女にとっては異物だけれども、女は男にとっては異物ではないということになる。そういう性の問題が一方であるし、もう一方で死の問題があるということなんですけれど。

伊藤　それは無数の神話や伝承と重なってきます。

植島　そうですね。身体は自分とは異なるものに対して非常に敏感に排除反応を示すわけで、それは免疫系のなにより第一の働きなんですね。自己と非自己の選別。つまり自己ではないものに対しては常に攻撃をしかけることになるわけですが、その中でも未だにうまく謎が解けていないのが、母親が自分の身体の中にいる胎児をなぜ攻撃しないのかという問題です。胎児は男性と女性の両方から遺伝子をもらい受けますから、女性にとっては異物になるわけですね、別の遺伝子を加えて構成された存在ですから。それなのになぜ女性の免疫系が攻撃しないのかというのはこれまでもずっと謎となってきました。それについては後にまた触れますが、今ではある程度分かってきています。その仕組みを調べていくと、もはや**「わたし」（自己）は「あなた」（他者）であり、「あなた」（他者）は「わたし」（自己）であるということがいよいよ鮮明になってきたのです。**

伊藤　「わたし」でもあり「あなた」でもある。共に生きているということにも関わる。自己というのは同一化のプロセスであることも明らかになる。「シンビオシス」という言葉がありますよね。「生命の共生」という意味です。免疫は自己に非自己が侵入したときにそれを発見して排除するシステムですが、同時に自己と非自己を曖昧にして共生させることもありますよね。つまり免疫のシステムには、**偶然性やランダムネスを取り込もうとする**一面もあります。

植島　異質なものに対して自分自身のシステムを変えながら対応し、新しいものを作っていくというのはあるかもしれませんね。

伊藤　つまり、自己と非自己を連続したまま区別していくような非常にセンシティブなシステムでもあるんじゃないでしょうか。

植島　共生そのものはごく例外的なことで、それでもやっぱり最後にはお互いを排除することになるんじゃないかという危惧はありますね。

伊藤　最近はブタの臓器をヒトへ移植するといった異種移植も集中的に研究されていますが、臓器移植を考えると移植された臓器は非自己だから拒絶反応を起こす、そこで自己と非自己の境界を消し去る操作が必要で、免疫機能を抑制するクスリが使われる。免疫系をだますクスリですが、それは一生にわたって飲み続けなければならないそうで、技術的には脳移植も可能です。一方、エイズは免疫系を冒してゆくウイルス感染症で、現在はコントロールできるようにもなりましたが、初めの頃は非自己を排除できなくなってしまう。老化も免疫系が失われてゆくことです。ガンは自己内部から生成するという意味で非自己とは言えませんが、突然変異で起こるわけで正常な自己とは言えない。いつも細胞が増殖崩壊をくりかえしている体内では、ガン細胞が生まれても免疫系が発見し、排除してゆくんですが、それをすりぬけて、増殖するガン細胞があり、そのガン細胞をもともとあった自己として認識し、身体が抵抗をやめてしまうんですね。

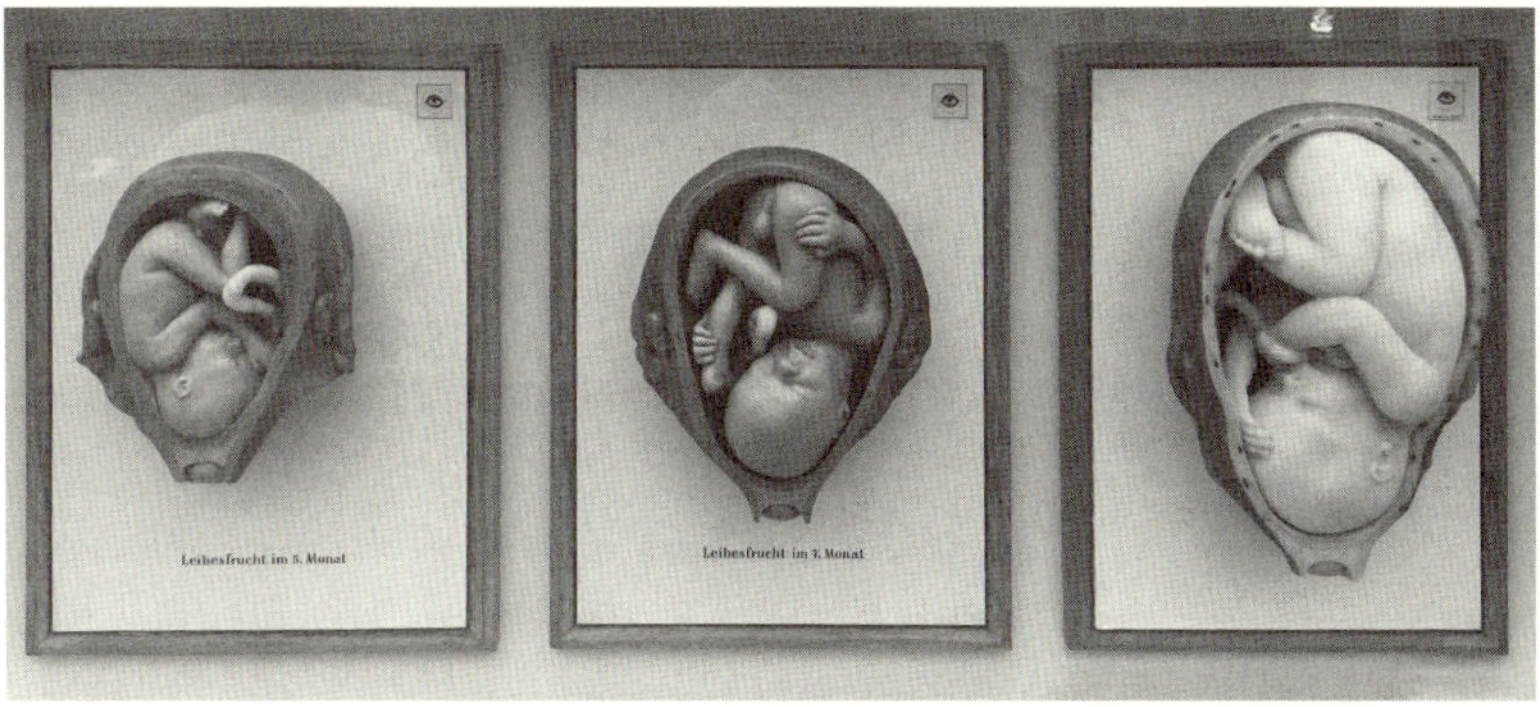

ドイツ、ドレスデンの衛生博物館の胎児と出産の展示空間

母親の胎内で成長する胎児は、母親にとって異物なのか自分なのか。自己と他者の問題はそうした我々の日常にも深く関わってくる。（撮影＝伊藤俊治）

植島　そういうケースがほとんどですね。

伊藤　ちょっと免疫からは離れるかもしれませんが、微生物的なレベルから話していくと、生命体が進化したり色々な機能を持ったりするのは共生の結果ではなかったかという指摘もあります。

植島　ええ、確かに問題はそのあたりにありますね。

伊藤　細胞にも葉緑素とかミトコンドリアとか本来別の生き物だったものが入りこんでいる。人間にも細菌やウイルスなど色々なものが共生し、それがあるから我々は生きられるという考えもあります。ある生物の遺伝子を共生細菌の遺伝子と切りはなして考えることはできず、近年ではホロゲノムとしてまとめてしまっています。

植島　ウイルスが生物進化のプロセスに深く関与しているという考えですね。

伊藤　リン・マルグリスは微生物の中に生命の原型を探っている生物学者ですが、彼女は光合成をおこなうミトコンドリアと葉緑体は細胞に入りこんだ共生細菌であり、その細胞に運動能力が加わったのは、梅毒菌として知られるスピロヘータが共生したからだと指摘しています。[*3]スピロヘータの鞭毛で動くことができるようになったと。つまり生命はこうした異質なものとの共生から成立し、異質なものとのぶつかりあいが生命を支えてきた。

植島　なるほど、我々は外界と隔絶した存在ではなくて、**外界との相互作用も含めて「わたし」（自己）である**ということですね。

伊藤　だから生命体が進化していく引き金に必ず異質なものが入り込んできて、それらとうまく共生していく段階があったと彼女は話している。こうなると、共生のための見事な仕組みというのが免疫系の隠された役目だったんじゃないでしょうか。共生しないと多機能性とか高度化のレベルへ進めず、同じ細胞レベルでずっととどまってしまうことになる。外部から情報を入れ込んだり、色々なものを取り込むときに、違うものが入ってきているのに同じものだと思うような仕組みが生命としての全体のまとまりを確保するんじゃないのかなと。

植島　なるほど、分かりました。だから、免疫機能というのは異物を排除するという機能だけど、長いスパンで考えると異物が入ることによって微妙に生態系が変化していくということが起こる。そう考えないと極めてスタティックな環境論になってしまいますしね。

伊藤　免疫は、植島さんが最初におっしゃっていたとおり、自己に非自己が入ってきたときに、それを排除するシステムですけど、**ある場合には自己と非自己を同一化し、偶然性とかランダムネスを取り込もうとする仕掛けも内包されていると思うんですよね。**自己と非自己を見分けるために、後天的な変異を繰り返して、やがて全体として統合的なシステムとして働くようになったのが免疫でしょう。色々な変化にフレキシブルに対応して、あるときは非自己をないものとみなしたり、あるときは寛容に非自己を自己に取り込んだりしてきた生命の歴史がある。

植島　そういうフレキシビリティこそ人間の身体性の特徴でもあるんですね。

伊藤　もう一つ免疫ということで言えば、例えば病気という身体からの信号は古くから時代を先取りし、世界の暗みと照応してきました。特に近現代医学は、病気を排除するものとしてきましたが、**免疫の思想には、病気とともに生き、病気をなだめ、病気を鎮《しず》めるという視点があるように思います。**それは疫病だろうが悪霊《あくりょう》だろうが神だろうが、共にもてなし、礼をつくして送り返した日本の古い態度ともつながっているような気がします。生き、なだめ、鎮めて人をより宇宙的なひろがりを持つ身体の中で生かしていくような。

植島　確かライアル・ワトソンも『生命潮流』の中で、細胞の集合体にせよ、生物の群れにせよ、特定の刺激に対して、無意識にかつ集団的に反応し、個々の部分には見られない特性を持つ機能的な総体になり得るという議論をしていましたね。[*4] 伊藤さんが「免疫システムは単に『自分とは異なるもの』を排除するためのものではない」と言われる言葉の真意もそのあたりにあるのですね。

伊藤　そうですね。つまり免疫というのは、我々の中にあるもう一つの自分というか、我々があまり意識していない自分であって、それは変化に対応して、あるときは寛容に非自己を自分に取り込んで共生して生きてきた。自己と非自己とを厳密に分けて非自己を排除するんじゃなくて、だましつつも折り合いをつけていくような柔軟な対応力のあるシステムだということを言いたかったわけです。

植島　免疫系は自己と非自己を分けるシステムだけれど、成り立ちから言えば単純にそういうわけでもないというんですね。例えば、今の免疫系って、火星からわけの分からない病原体が来てもそれに対応できるっていう不思議さを持っているということは免疫学者も言っているわけで、それって自己と非自己を区別するような一対一対応のマシンだとしたら不可能なわけです。そういう未知のものに対応できるということは、何かしら柔軟性というか多様性を持つシステムであるということですね。

伊藤　脳みたいな司令官がいて、それによってコントロールされて維持されていくんじゃなくて、無意識や身体系まで巻き込んだ全体のシステムがうまく関係性を保ちながら、個体を維持する特別なシステムだというふうに考えたほうがいいと思うんです。それをもう一つの〝大きい自己〟だとする考え方もありうる。

植島　なるほど。

伊藤　人間の歴史は病気との闘いで、そのたびごとに免疫のシステムは途方もない時間をかけて、異物との折り合いをつけ調整してきた。多田富雄さんも、『免疫の意味論』（青土社）で寛容性と言っていますけど。まさに寛容性を示して、共生する道を手探りで見つけてきた。

植島　要するに、遺伝子プログラムに入っていない偶然性とかランダムネスみたいなものをなるべく積極的に取り込もうとしてきたわけですね。つまり、生命体にとっては、偶然性とかランダムネスが非常に重要なファクターになっているということなんですよね。いい例が、ウサギは猛獣に追われると、なぜかジグザグに逃げるようにプログラミングされている。それというのも、まっすぐに逃げたら必ず捕まるというのが分かっているからですね。人間の生体というのもランダムな反応、動きをすることによって保護されているのかもしれません。もしかすると、それによって新しい展開へとステージが変わっていく。つまり、免疫系自身が外から入ってくる因子によって変化するのと同じようなシステムが働いているのではないかということだと思います。

伊藤　それは重要ですね。寛容さを示すには条件や状況ももちろんある。生まれた時に抗原が入るとか、抗原が微量だとか、そうした場合に抗原抗体反応が寛容になり、異物を受け入れるようにふるまう。寛容になることで生命全体の危険を免れてきた。生命は異物侵入に対して様々な戦略を持ってきたわけで、その現時点の完成形が免疫といえる。ランダムで予測不可能な部分こそが生命の価値だという見方がそこに含まれているように思います。

第3章

なぜ人が感じていることが分かるのか

伊藤　共感や共生ということが重要なキーワードになってきましたが、『脳のなかの幽霊』で有名なラマチャンドランの著書『脳のなかの天使』は、その意味でとても興味深い本です。[*1] 前作と重なる部分も多いですが、近年、ラマチャンドランが強い関心を持っているミラーニューロンや幻肢《げんし》、共感覚や自閉症、言語の発生や美の感覚など新しい知見も連ねられています。これまで話してきた流れから、ここではまず共感する神経であるミラーニューロンに触れておきたいですね。ミラーニューロンは他者の行動を理解したり、模倣により新たな技術を獲得する際にとても重要な役割を果たしているニューロンです。

植島　ええ、一九九二年、イタリアのパルマ大学の研究チームが、サルが特殊な神経細胞を持つことを初めて報告したのが画期的な出来事となりました。サルが特定の行為をしているときに活性化するニューロンを調べていたら、行為をしているサルを別のサルが目にしたときにも、その別のサルの同じニューロンが活性化するというのが偶然分かったのです。つまり、その細胞はサル自身がある行為をしたときばかりではなく、他者がそうするのを目にしたときにも発火したわけです。ある日、サルを観察しているときのこと、バナナを手に持っているサルの脳とそれを見ているサルの脳の両方に同じ反応が起こりました。そのとき、まさにサルは相手の身になって考えているわけで、一九九六年、パルマ大学のジャコモ・リゾラッティはそのときに反応した神経細胞を「ミラーニューロン」と名づけたわけですね。

伊藤　二十世紀末に発見され、二十一世紀になって急速に注目されてきました。他者の行動を見て、自分が同じ行動をとっているかのように反応する「共感細胞」で、鏡のような反応をするところから、ミラーニューロンと名づけられました。ミラーニューロンの発見は、お互いがなぜ理解できるのか、なぜ相手の考えていることが分かるのか、という問題につながっていきます。我々は相手の経験や感覚をなぜ共有できるのかということです。

植島　つまり、ちょっと敷衍《ふえん》して考えてみると、**「わたしたち」を抜きにして「わたし」を考えることはできない**ということになりますね。僕が一番興味を持ったのはそこなんですが、さらに、この発見が、これまで学校で習ってきた考え方、つまり、まず外界の刺激を感覚器官でキャッチして、それが脳に送られて認知され、その指令で運動系が反応するというメカニズムに疑問を呈した点にも注意してほしいと思います。我々は日々の生活を送る中でそんな複雑な手続きを踏んでいない。人間の心はそんな機械のような複雑な構造になっていないのです。おいしい料理の匂いを嗅いで、よだれを出すときも、外からの匂いという刺激が脳に入って運動系の働きへと指令が飛び、よだれを出すという行為となって現れる、というような手順など存在しないということです。では、どうしているのかというと、リゾラッティ自身も仄《ほの》めかしているように、感覚器官から入ってくる情報を新たに分析するところから始める代わりに、自分がその刺激に対してどんな反応を示しているかをモニターすることで対処している、ということなのではないでしょうか。

伊藤　とても興味深いですね。そっちの方がはるかに有効だし、直接的です。それとミラーニューロンと関連させるように、ラマチャンドランは四肢切断を受けた幻肢痛患者の治療で効果的な、鏡を使った療法を開発しています。幻肢痛患者は手や肢《あし》を失っていますが、その失った手や肢の感触をいつも感じている。あるいは幻肢痛患者は、他の幻肢痛患者の動作を見て、自分の幻肢に触られたように感じます。同じような現象は、例えば、腕に麻酔をかけられた人にも起こり、他の人と同じ姿勢をとると、その人が感じた触覚を麻酔された腕にも感じてしまう。失われた身体と残された身体の関係、イメージによるニューラルネットワークの連携、物理的な身体とは別に広がる見えない身体の位相とか、色々な問題がそこでは浮上してきます。

植島　失った手に感じる痛みを癒すにはどうしたらいいかということですね。手は存在していないのに、痛みだけあるというややこしい事態ですから。

伊藤　ミラーニューロンの存在を利用したミラー・セラピーというか。鏡を使い、残された手を映してそれを失った手と錯覚させて脳の歪んだ認識を改善させる方法も示されています。「同じ姿勢」というのがポイントですね。身体全体の姿勢や身ぶりが、何らかのかたちで細胞を活性化させるというか。

植島　身体の反応、動きのカタ（型）みたいなものがある。

伊藤　ラマチャンドランが言っていることですが、我々はいつも感情移入をし続けているのだけれども、他人に完全に溶け込んでしまうわけにはいかない。つまり、他人になってしまうなという規制がいつも働いている。ラマチャンドランは、そのシステムはミラーニューロンと皮膚感覚と前頭葉から成り、感情移入が起こっても他人になってしまわないようなメカニズムができていると言うんですね。そうすると、ミラーニューロンは、自己と他者の境界と深く関わってきます。そこから、先程の幻肢痛の患者の痛みを取り除く治療法が出てくる。ミラー・ボックスです。鏡に映った正常な腕を幻肢に見立てる。その幻肢をつねっても痛みを感じない。それを繰り返すうちに痛みが消えていく。そういう実験を行って幻肢痛の患者を治癒へ導いていくトレーニングをしていきました。ミラー・ボックスに映っている腕を自分の失われた腕と錯覚して、体全体のイメージとして捉え、痛みをないものと認識していく。

植島　既に核心的な問題に入っているのですが、ミラーニューロンという言葉には、鏡を挟んで同じ行為を真似するという印象がありますよね。基本的には、思考の働きよりも物真似する能力のほうが先かもしれないというスタートラインから、もっと考えるべきではないかと思っています。今伊藤さんが言った幻肢痛のトピックもそうですが、自閉症はミラーニューロンの欠陥ではないかということも言われているし、失語症などとも関わってくるかもしれないとは思うのですが。

伊藤　コミュニケーション能力が支障をきたしてしまうわけですね。

植島　どこかで切断されているのではないか。
伊藤　それは、ミラーニューロンの故障というか不調性なのでしょうか。
植島　という説明もできますね。
伊藤　ミラーニューロンによる感情移入は、恋愛の場合にも関連します。恋愛では、感情移入が過剰になって、制御なく一心同体化してしまうじゃないですか。
植島　ミラーニューロンの議論からすると、相手がこちらの意図を反映するわけだから、こちらが先に熱烈に相手を好きだったら伝わるということにもなるわけですね。逆に言うと、あまり気がないのに女の子を落とそうと思って甘言を弄してもうまくいかないのは、やはりミラーニューロンの働きとも言えます。
伊藤　では恋愛術にはあまり使えませんね（笑）。
植島　相手に好かれる方法を三つ挙げよと言われたら、相手のしぐさを真似すること、相手が言うことを何でも肯定すること、もう一つは残念ながら忘れましたが（笑）、どれもミラーニューロンの働きだと思います。ところで、ミラーニューロンですから共感細胞のほうが正しいのかもしれませんが、既に「共感神経」と訳されていますよね。でも、僕はそれでいいのではないかとも思います。例えばiPS細胞と言わないで「万能細胞」と言ったほうが絶対に受けるように、日本語の語感をもっと大切にしたほうがいいと思っています。もっとも、万能細胞という言葉もほとんど聞かれなくなりましたけれど。リゾラッティらの『ミラーニューロン』を読んで一番感じたのは、やはり模倣ということです。[*2] **模倣というものがどれだけ重要か**ということを強調していました。よく、猿まねと言いますが。

伊藤　ぺろって舌を出す。あれ、本当に真似ているのかな。でも生まれたばかりの赤ん坊も簡単な身ぶりや表情を本能的に模倣しますね。

植島　人間同士のコミュニケーションというのは、『ディスコミュニケーション』の中でも論じたことですけれど、基本的には同じことの繰り返しです。「おはよう」「おはよう」とか「乾杯！」「乾杯！」みたいに。それは模倣の問題でもあるのです。だから、ミラーニューロンが発見されるまで、模倣というのは単なる一つの、何て言うんだろう、行動の単位にすぎなかったのですが、むしろ模倣能力の基盤が発見されたということで、我々にとって模倣行為というのは、生きていく上で一番根底近くにあるものなのかなという気がしています。

伊藤　言語もそうですよね。

植島　言語も恐らく模倣から生まれてきているのだと考えられます。

伊藤　もう一つ、ラマチャンドランが想定しているのは、脳はセンシティブで、いつも統一感覚を要求し、感覚が不一致になると不快に感じるような仕組みを持っているということです。「身体完全同一性障害」の一例として、四肢不一致症を取り上げているのですが、自分の手足が自分の体でないと思う症状です。例えば右の頭頂に卒中が起こると、左腕が自分のものではないという思いにいつも悩まされる。先程の幻肢というのは、存在しない手足がそこにあると感じられる感覚なので正反対なのですが、身体のイメージを脳が作れなくなってしまう。また、四肢切断願望症というのがあって、これは腕や足などの存在感があり過ぎて、うっとうしくて、切断したいと常に思っている症状だそうです。あまりに自分のもの過ぎるから切ってしまいたいという。

植島 すごい特殊な事例ですね。

伊藤 そうした人の場合、感覚器は正常なので腕や足などからの信号はどんどん入ってくるのですが、身体のイメージを作っている脳が調整不能だったりして、その信号を認識できない。脳が受け入れられない。だから、腕の感覚と身体のイメージの認識に大きい齟齬《そご》が生じて、不快感が起こって切断したくなる。

植島 あまりの負担に耐えられない。

伊藤 幻肢の問題にしろ四肢切断願望症にしろ四肢不一致症にしろ、やはり、脳のイメージに関わっている。身体のイメージと自分の性器が一致せず性転換や性器切断することもある。統一したかたちで身体のイメージを全体で作れないと不調和になる。感覚相互の調和というか。ラマチャンドランは先の著書に「美と脳——美的感性の誕生」という章を設けていますが、こうしたことは美の問題とも結びつく。彼は美には脳に由来する九つの法則があり、対称性、秩序性、コントラスト、メタファーといったことを挙げています。

植島　まあ、それはともかく（笑）、ミラーニューロンというのは、基本的には、**自分と他者の境界を消し去る**ということですよね。要するに、他人がしていることを見ているだけで、同じように感じるわけですから。アダルトビデオなんかを見て男性が、いや女性もですが、喜ぶのも同じことですよね。別に当人ではないのに、たちまち映像の中の人物に感情移入してしまうわけで。ミラーニューロンの根本的なところは、自分の頭で相手の頭の中を考えるのではなくて、身体が相手の身体を映し出す、そこが大きなポイントではないかと思います。つまり、頭を一回経由しないでもやっていけるというところに、何か大きなヒントがあるように思うのですが。

伊藤　ええ。**脳はあまりたくさんのことに関わっているわけではない。**ミラーニューロンには多くの行為がコード化されていて、他者の行為を見るとその行動の意味も目的も脳を介さずに分かってしまう。見ることは実際に行うことだという文脈で言うと、例えばショーヴエやラスコーなどの洞窟壁画の中に描かれた沢山のバイソンとか、そういったイメージも、ある種の共感細胞として機能していたと言えるかもしれません。

植島　そうじゃないですかね。

伊藤　考えることができ得ること、ということになります。

植島　だから、芸術というのは、現実を引き写すものではなくて、我々は実際にその現実の中に入って、バイソンが存在していると理解していたのではないでしょうか。例えば、ラマチャンドランは「他者の視点から世界を見る能力は、他者の行動を予測、操作するために、他者の複雑な思考や意図の心的モデルを構築するうえでも不可欠である」と書いていますね。そのために、「サムは、マーシャが彼を傷つけたことに私が気づいていないと思っている」という例を挙げています。[*3] 例えば、あなたはメアリーと一緒に暮らしているとします。メアリーは雨が降っているから傘を持って外出しようとしている。で、傘はクローゼットにあるとメアリーは思っているけれども、実はクローゼットではなくて玄関にあることをあなたが知っているとしますね。そのときに、あなたからすると、「メアリーは、傘はクローゼットにあると思っている」という文脈ができあがります。でも、本当はそこにはない。そこにはなくて玄関にある。これはすごく簡単なようだけど、ミラーニューロンの働きとつながってくるわけで、どうしてそれが分かるかということですよね。こういうことは人間にしか分からない。これも同じことなんだけれど、人間の思考というのは、そこで実際に行われていないことも同じように感じたり、考えたりすることができる。すごく悲しい出来事があったとして、同じように悲しく思えたり、同情できたり、色々な反応ができるというのは、やはり共感細胞のおかげなんですね。それは社会性の基盤ともなっているのです。社会性の基盤には言語が密接に関わっていますから、先程の議論のように、ミラーニューロンが言語の発生とつながってくるというのは間違いないことのように思います。

伊藤　人間の思考はないものも見ている。心と身体の基盤とも言えますね。

植島　人間の思考はやたら複雑に見えますが、行動は意外と単純な仕組みからできているのではないでしょうか。先に触れたように、身体に来る刺激をどう受け取るかというと、まず自分がその刺激に対してどう反応しているかを自分自身がモニターすればいいわけです。とにかく自分の身体の反応を見れば何が起こっているか分かるわけで、そういう身体の動きのパターンが蓄積されていくのではないかと思います。伊藤さんが言われた姿勢というのもそうです。人間の身体の反応のカタ（型）みたいなものを知ればいいわけです。

伊藤　そうですね。その方向を向いて座ると、何か一番落ち着いて、腰が深く決まるとか。自分の内部というよりも身体の姿勢がダイレクトに情報を直感して、それに対応するという、かたちにも重なっていきますよね。

植島　ええ。だから、人間は、そういうミラーニューロン系によって動きのパターンを高度化していって、他人がある行為をしたときに、非常に形態学的なというか、もともとはカタ（型）から入ってそれを理解するというやり方を採ってきたのではないかということですね。

第4章

遺伝子なんか関係ない!?

伊藤　免疫系や共感細胞の話を中心に新しい自己と非自己の考え方について話してきましたが、ここで近年の生物学で急浮上してきた「エピジェネティクス」と関連づけて、少し話を広げたほうが面白いかと思います。

エピジェネティクスという言葉自体は一九四〇年代から存在していて、遺伝子が発現するプロセスで、環境とどう相互作用しているのかを表すために使われていました。その後、DNA変化を伴わない後天的な遺伝子コントロールを対象にした研究領域を表すものへ進み、ヒトゲノムを完全解析するような二十一世紀に入って注目されています。というのも、ヒトゲノムを完全に解いたら全てが分かってしまうと二十世紀末には思われていたのに、そうではなかったからです。遺伝子を命令としてではなく、何かを可能にすべく様々な方法で全力をつくしているものとして考える方向がそこにはあります。DNAは確かに生物を作る基本台本と言えますが、DNA情報は、それを覆う化学物質の幾つかのレイヤー（層）に制御されている事実や、DNAというシナリオにレイヤーが修正を加えたり消去したりしている状況が明らかになってきました。DNAのシナリオより、それを包んでいる層が重要であることが徐々に分かってきたわけですが、従来のDNA至上主義から言えば、それをより高次のレベルでコントロールしているものがあるというエピジェネティクスの思考は、少し唐突なものに見えている。

植島　ええ、エピジェネティクスという概念自体は、一九四二年にウォディントンが命名したことでよく知られていると思うのですが、なぜ近年に話題になっているのかというと、リチャード・ドーキンスなどの遺伝子決定論に対して、当初から疑問に思っていた人が多く、それに対抗する新しい概念探しがあり、その結果としてエピジェネティクスという言葉が再採用されたという経緯があると思います。ややこしい言葉で僕の好みではありませんが。

クローンやiPS細胞など、色々なことが全てエピジェネティクスと関わってしまうわけですが、基本的には人間の老化や病気、すなわちガン、動脈硬化や喘息など様々な病気と関わっていることが分かってきました。遺伝子の異常ではなくて遺伝子そのもの、つまりDNAが変換されたRNAがたんぱく質に変換されると一般には単純に言われていますが、それは一対一のつながりではなく、ものすごく多面的なつながりなわけですね。ですから、伊藤さんが言ったように、DNAの情報が化学物質の幾つかのレイヤーによってコーティングされていることもそうだと思うのですが、その変化のプロセスが非常に多様であることが、エピジェネティクスの考え方の基本にあるのではないかと思います。

伊藤　発生の問題とも関係してきますね。受精卵は胚盤胞になる間にあらゆる細胞に変化する能力を持つ全能性となる。その後、着床すると細胞分化が始まり、各細胞ごとにメチル化のパターンが確立され、神経や筋肉などの組織や器官が形成されてゆきます。こうした事態を「エピジェネティック変異」と呼び、停止していた遺伝子が思春期に活動を再開したり、老年期に入るとそれまでの長い経験や記憶がＤＮＡに影響を与えたりするわけです。しかも、一世代で獲得されたエピジェネティック変異が、後の世代にも影響を与えていく。

植島　キリンの首が長くなるというラマルクの説とは大分違うと思いますが、それでも、ある意味でアイデアとしてはつながっているという気がしないでもないですね。

伊藤　子供時代に偏った食生活をするとか、親が子供に対して十分にケアしなかったことまでが、後の世代に受け継がれていくという指摘もあります。ｉＰＳ細胞は、人間の体細胞に数種類の遺伝子を導入し、培養することで開発した、様々な細胞に分化する能力を持つ幹細胞です。人の受精卵を使用したＥＳ細胞（胚性細胞）の分化万能性を人為的に作り出したものと言えるでしょう。ですから、植島さんが指摘したように、エピジェネティック変異はｉＰＳ細胞にもつながりますし、クローンや、脳そのものの機能とも深く関わっています。

そういう意味では、細胞記憶というか、**生命の原初的な記憶へも目を向けてゆく**ことが必要です。細胞がどのような歴史を記憶しているのか、個体差や、細胞が分化していくときの差異はどのように生じるのかについて、これまではあまり明確にはされてこなかったように思います。

植島　その場合の記憶というのは、脳とか中枢神経系による記憶とは違うわけですね。細

ドイツのダルムシュタット、ヘッセン州立博物館の進化の展示ゾーン
動植物の壮大な進化の軌跡を辿ることは、私たちに内蔵されている細胞記憶を確認してゆく作業でもある。生命の原初的な記憶層へ目を向けてゆくことは、私たちの身体のカオスを直感的に鷲掴みにすることなのだ。（撮影＝伊藤俊治）

胞だから、身体とか物質的な記憶ということになるのでしょうね。

伊藤　細胞の遺伝子発現パターンが細胞分裂を経ても安定して維持されることです。ヒトデなどの生物は断片から個体を再生できますが、哺乳類は分化した後の細胞は分化能力を失ってしまい、個体にはなりえません。植物細胞は分化した後も全能性を保持していて、その後の環境や位置情報を用いて、それまでの細胞記憶を使わないように切り替えができているという説が最近出てきています。

植島　それは、動物とは違うという意味ですか。

伊藤　植物細胞は動物細胞と違って細胞壁があったり、葉緑体による光合成が行われたりします。植物細胞は全能性を比較的簡単に復活できて、一方通行ではないんですね。より原初的というか。ゲノム解析のように一次元的に並んだ情報ソースをスキャンして分析していくだけではなくて、新たに置かれた状況の中で、情報を読み解いて再編集していく能力を、特に植物が持っているという考え方ができるかと思います。前に植島さんが、性（セックス）の分化や未分化という問題に触れていましたが、こうした点から考えれば、男性と女性に分かれていくことも興味深いです。

植島　ヒトゲノムの全塩基配列の解読は二〇〇三年でしたが、二〇〇四年に、卵子と卵子の結合で子供が生まれました。哺乳類の事例で、その「かぐや」と命名された単為発生マウスによって、性において雄が必須ではないということが明らかになりました。[*1]このことは今話している脈絡ともつながってくると思います。それから、エピジェネティクスの機能にもう少しこだわると、クローンと言っても、コピーとは違うということが重要です。クローンでも全てが同じではなくて、先程のＤＮＡのコーティングではないですが、結局、遺伝子構造は一緒であっても、それは完全なコピーでなくて全く違った生き物になります。

伊藤　哺乳類には細胞分化に関わるメチル化とは別にゲノム刷り込み（ゲノムインプリンティング）と呼ばれる特別なメチル化があり、ＤＮＡが父由来か母由来かによって異なる発現をしますね。

植島　そうですね。

伊藤　未解明な部分が多いですが、ゲノム刷り込みは個体発生や胎盤形成と密接な関係があることが分かってきています。父由来か母由来か、一方の発現が選択的に抑制されてしまう。この性別の刷り込みがあったからこそ哺乳類は高度な個体組織を持つように進化できたという仮説もある。発生や分化は色々な問題を宿していますね。

植島　ええ。それとＤＮＡにホルモンなど色々なものがコーティングされるという話ですが、例えば共生細菌は人間の内側に存在し、特に腸内には何億、何十億といて、それらが人間が生きていくうえでは必須であるということがありますね。つまり、共生細菌は自己であり、同時に他者でもあるわけです。しかし、共生細菌で問題なのは、腸内細菌などがそうですけれども、生物の遺伝子と共生細菌の遺伝子が一つのホロゲノムを構成しているということですね。つまり、一人の人間の遺伝子を単独に取り出して、それがどう変化するかを見るのではなく、共生細菌の働きを考慮に入れないと何も明らかにならないということだと思います。

伊藤　細菌と、人間の遺伝子が共に存在している。

植島　共に働くということですね。

伊藤　働かせる仕組みというか、働いているゾーンがある。

植島　そうですね。ですから、もともと肥満や喘息、アレルギーを制御するとされていた腸内細菌は、もっと大きな役割を果たしていたかもしれないのです。二〇一〇年のショウジョウバエの実験で、与えられた餌によって交尾相手の選択が変わるという例が出てきました。それまでは共生細菌というと、一般にはもっぱら腸内細菌が取り上げられて、ヨーグルトを食べれば健康にいいみたいな話になっていましたが、もっと重要な問題提起を含んでいると言えるのではないでしょうか。つまり、人間にとって、**自己でも他者でもないような存在がその身体系を支えている**ということになるわけですから。

伊藤　自己でも他者でもない存在が共生しているからこそ、我々は生きていられると。

植島　そういうことですね。

伊藤　我々は、共生というと互助会みたいなシステムを考えがちですが、ただ一緒に住んでいるかのように考えるのではなく、そのシステムの中に、色々な駆け引きやりとりがある。

植島　そうですね。ウイルスは十九世紀の末に発見されて、まだ百年あまりですが、最初は人間に害を及ぼす細菌のように捉えられていたのが、そうではないと分かってきました。ウイルスは、人間の身体の中で、とても有効に身体系を支える働きをしていることが、ようやく二十一世紀に入って理解されるようになってきたわけです。

その例として、ウイルスによって人や羊の胎児が出産まで守られているという驚くべき発見もありました。このことはウイルス学にとってはとても大切なことで、第2章の免疫系がなぜ母親の胎内にある胎児を異物ととらえて攻撃しないのかという理由を説明してくれます。ウイルスが働いて、人間の身体の中に合胞体栄養膜細胞というものが作られ、その膜によって保護されているという説明の仕方ですね。これなどは、従来考えられていたウイルスの働きとは全然違っていて、**ウイルスや共生細菌は、人間にとって、自己と他者の境界線を埋める存在として働く**ものだという新しい認識を与えてくれます。

伊藤　ヒトゲノムの半数がウイルス由来だという説もあります。天文学的な数の未知のウイルスの存在が指摘されていますし、「病原体としてのウイルス」はウイルスの一面でしかない。いずれにしろ、**異質なものとの共生を基盤にする身体系**を我々は持っており、それはオープンなシステムであるわけです。このミクロビオーム（微生物集合体）の存在が我々の生命を保持して守っていることなどが明確になってきたのが二十一世紀ですね。

植島　そうですね。ですから一方で、過度の潔癖さや清潔好きというのは共生に反しているとも言えます。アレルギーやアトピー、花粉症などの色々な反応が生じるのは、あまりに潔癖さや清潔さを求めすぎて、人間と環境との間にフィルターを張って遮断するようなことをしてきたことが一因だと感じています。

伊藤　フィールドワークでも、その地での病気や精神変容を経て一人前、その土地が受け入れてくれたと言われます。環境や場所と交わるということはそういうことですからね。

植島　ええ、今問題になっているのは、エピジェネティクスが、なぜこれほど大きく取り上げられるようになってきたかというバックグラウンドです。それは、人間の遺伝子の働きがそんなに物理的に理解できるわけではないということだと思います。脳を含めて人間の身体はあくまでも物理的な系ではなくて生物システムだということです。そこに与える変化の要因の一つとして、共生細菌やウイルスがあるというところまで分かってきたわけです。

共生細菌だけではなく、人間の身体系がもっと色々なものに影響されていることのもう一つの問題点として、レヴィ＝ストロースの「アメーバ論」があると思うので、それについて考えてみたいと思います。以前から我々が知っていた粘菌やアメーバというのは、食べ物のバクテリアが豊富だと動物として移動しつつ餌を探し、食べ物がなくなると植物になって胞子を散布します。南方熊楠が粘菌学に興味を持ったのもそこですよね。要するに、動物と植物の中間形で、栄養が豊富だと動物だけど、栄養がなくなると植物になるという理解だったわけです。脳も神経もなく、その姿を自由自在に変えて動物とか植物という生物学的分類をも超えてしまう存在、それだけでも驚くべき存在ですが、レヴィ゠ストロースのアメーバ論を見ると、さらにまた別の視点から議論されています。

伊藤　アメーバに寄生するパンドラウイルスやピソウイルスなど、新しい生命の姿として超巨大ウイルスの存在も指摘されています。また一方で、粘菌をコンピュータへ応用してゆく実験も伝えられていますが、そうした新しい生命観を発見し、それをミクロのレベルでトータルに考えてゆくことは、偶然と選択に開かれた我々の身体を新たにとらえ直すことにつながりますね。

第5章

「わたし」は身体の内にも外にも存在している

伊藤　植島さんが指摘されたアメーバはとても奇妙な存在です。植物と動物の中間形で、その姿を次々と変えてゆく。初源的な身体の型と言ってもいい。レヴィ＝ストロースが書いた「アメーバの譬え話」は、生物における暴力的な攻撃性と協調性という両義的性格を扱ったもので、アメーバという細胞性粘菌に潜むコミュニケーションの形に注目したものです。[*1] 誇張して言ってしまえば、アメーバのコミュニケーションと共食いは隣り合わせであり、その傾向は人間にも潜在しているのではないかという視点ですね。社会性の特性を理解するためにコミュニケーションの形を見つめる必要があり、アメーバが生命体のコミュニケーションの要なのではないかと問うたわけです。

植島　うーむ、それは南方熊楠の関心にも通じますね。

伊藤　社会的な協調性と暴力は緊密に結びついていて、社会の起源とは暴力なのではないかとレヴィ＝ストロースは問題提起してもいます。アメーバは餌であるバクテリアを求め、孤立した生活を送っているのですが、餌がなくなるとアメーバ同士を引きつける分泌物を出し、その集合がある方向性を持つようになります。そして個々のアメーバはその中で特殊化し、集合の一部分となっていきます。餌が欠乏するとアメーバ同士が密集し社会性を持ってくる。このようなアメーバ同士を引きつける分泌物は、実はより高度な多細胞生命体の体細胞間の伝達物質と同様のものです。アメーバは細胞性粘菌ですが、多細胞生命体の体細胞同士の伝達物質と同じものを生みだし、個から集合へ、一つの生命体のようなものへ移行してゆきます。

植島 いわゆる環状《サイクリック》AMPという物質ですね。

伊藤 こうして社会的集合の基盤としてのコミュニケーションから社会性の極限状態の共食いへ移行できると、レヴィ＝ストロースは論を進めてゆく。個から社会へ移行するには、アメーバの分泌物が増大するだけでいい。それがアメーバに共同体を形成させる。社会生活は、まずお互いが求め合う個体間の引きつけとして生まれ、それが抑えがたいほどに強くなり、しかし共食いには至らない程度の引きつけによって生み出されていく。共食いにならない寸前の誘引が社会を生み出しているわけで、**コミュニケーションと共食いは程度の差**でしかない。

植島 それは狂牛病（ＢＳＥ）の教えともつながってきますね。

伊藤 はい。アメーバのような単純な細胞性粘菌にも、動物や植物などの、多細胞生命体の社会性の型が潜んでいる。

植島 ここでまず、アメーバと粘菌とウイルスと共生細菌の区別について考えておきたいと思うのですが、どれもおおまかには微生物と呼ばれているわけです。一番分かりやすいのは生物を五つに分ける「五界説」の分類ですね。

1 動物界

2　植物界
3　菌界（菌糸を作り、鞭毛やクロロフィルを持たない真核生物。しいたけ、酵母菌など）
4　原生生物界（真核細胞からできている簡単な生物）。アメーバ、ゾウリムシ、ケイソウなど。粘菌は一応ここに入る
5　原核生物界（乳酸菌等のバクテリア）。共生細菌はここに属している

アメーバは4、バクテリアは5に入ります。基礎的なゲノムを調べていくと、原核生物内での多様性が大きいことが分かってきています。それに比べると動植物の占める割合など微々たるものでしかありません。生物のほとんどは5に入ってしまうのですね。ウイルスは生物と言えるかどうか微妙とされています。生物の基本単位が細胞ならウイルスは生物ではないが、生物が遺伝情報を次に伝える営みによるとしたらウイルスは生物ということになります。

さて、レヴィ＝ストロースが論じているアメーバは粘菌類に属しているわけですが、彼の論では、栄養が足りなくなったり餌がなくなると、そのプロセスとして密集して、一つの生命体として、動的な生命体に変化する。これが、一つの社会性を持つということだろうという話ですね。

伊藤　社会性の意味が浮かび上がってくる。

植島　だからミラーニューロンでもそうだけど、人間の知性とか、人間存在の根本にあるのは、「わたし」ではなく、やはり「わたしたち」ということですね。人間というのはもともと、ある意味で**社会性がインプットされている存在**ではないでしょうか。とはいえ、レヴィ＝ストロースの論文の論旨は、その社会性が、分泌する物質がコミュニケーション因子であるとともに、誘引の力が共食いにまで至らない程度という危うい均衡の上に成立する点にあるということですね。人食いや暴力があらかじめ社会性の基礎に含まれているということになるわけです。

伊藤　レヴィ＝ストロースのアメーバ論は、人間社会の様相を、ペシミスティックに思い浮かべているところがありますよね。

植島　要するに「動物と一緒に幸せに生きたい」というのと「動物を食べて生きる」という二つの間で、人間はいつも揺れ動いています。ある意味では、動物愛護運動をしている人が平気で殺虫剤で蚊を殺したりするのと同じことですよね。

伊藤　何でこんなことをレヴィ＝ストロースが書いたのかを不思議に思っていたのですが、それは人間の精神から身体、さらには自然へ遡行し、再び自然から人間への道筋を検証してみたかったのだと思います。またブラジルの少数民族が互いに反目し合いながらも、バランスをとり生活していて、そこでは戦争と社会的コミュニケーションがほとんど一緒のものであるという体験をしたからではないでしょうか。現代社会で、どうして戦争が未だに延々と繰り返されているのかということにも関係しますが、**コミュニケーションや社会の根源には、暴力性が常に存在している。**

植島　なるほど、要するに脳の専制に対する身体性の復権というか、身体性の逆襲ということにもなりますね。コミュニケーションと共食いの問題は、極端に言うと、つまりは暴力とセックスの問題とも重なるというわけです。つまり、暴力は排他性のなせるわざだし、セックスというのは協調性の最たるものだということになるわけで。だから、コミュニケーションの問題を論じるときには、常に身体性の問題がどの時代でも浮上してくるわけなんですね。

伊藤　セックスとか、歌とか、ダンスとか、集団で大きく筋肉を収縮させ、調子をあわせ、リズミカルに動き、声を出し、一体感をかきたて、危機的な状況下での協力を強化してきた歴史がある。

植島　伊藤さんの話を聞きながら思ったのは、**人間というのは極端な二つの極の間に宙づりされた存在である**ということです。でも、それに気がつかないで動物愛護とか自然保護の運動をやったりする人がすごく沢山いるわけじゃないですか。自然保護というのは自然を守ってこの世を大事にしましょうというだけのものではないと思うし、動物愛護も、単純に動物がかわいそうだから動物をいたわりましょうということだとは思ってないんですね。だって、動物愛護といっても平気で動物の肉を食べたりしてるわけなんだから。人間というのは常にそこに宙づりされた存在であるという自覚がない運動は納得できませんね。

伊藤　ウィリアム・H・マクニールとジョン・R・マクニールが出した『世界史I――人類の結びつきと相互作用の歴史』で、海に生成した無数のバクテリアの細胞が直接的な接触を通して遺伝子情報を交換したことと、人類の集団が祭礼を通して出会い、交わり、情報を交換したこととは共通性があるとしています。[*2]

植島　うーん、ちょっと飛躍があるような気もしますが。

伊藤　唐突に思えますが具体的に言うと、バクテリアに生じた突然変異が広がり、環境変化に適応する。バクテリアは光合成で大気に酸素を放出するようになりますが、このことが自然環境を劇的に変える。というのも当時の生命体にとって酸素は有害で、酸素に耐性のないバクテリアは死滅し、酸素を呼吸できるバクテリアが誕生してくる。核を持つようになったバクテリアや多細胞生物の出現に関しても、生物の歴史と人類の歴史の間には並行関係が認められます。核を持つバクテリアと多細胞生物の構造の一部は、もともと独立した生命体であった。初めはパートナーを餌食にしたり、逆に食べられたりしていたのが、そこに共生関係が生じ、互いに助け合うほうが生存率が高くなり、双方に有利になった。

植島　そう言えますね。

伊藤　こういう共生関係と遺伝的適応というのは、多細胞生物に複雑な特殊化や個別化をもたらします。そしてもともとは敵対関係にあった独立した生命体が、相互適応により共生関係に入り、生命圏を形成する。我々のウェブ世界もこのような協力と暴力の相互作用の上に成立し、しかもウェブは広範囲に拡大しようとする傾向を持ち、ウェブが拡大すればするほど権力、富、不平等が顕在化する。人間のネットワークも同じようなプロセスを踏んでいます。

植島　なるほど。

伊藤　先ほど狂牛病の話が出ましたが、イギリスの研究者グループがたんぱく質「プリオン」が原因となる病気の解明のために、脳を食べる習慣のあったパプアニューギニアのフォア族の研究を二〇一五年に発表して話題になりました。フォア族は親族の葬式に死者の脳を食べる儀式を行っていたのですが、そのためにクールー病と呼ばれる狂牛病に似た病気が蔓延してしまった。しかし、やがてその病気に対する遺伝的耐性を身につけたというのです。「ネイチャー」に掲載された研究によると、この特定のプリオン耐性遺伝子を突きとめ、クロイツフェルト・ヤコブ病に有効であることが発見されました。プリオンは感染症の病原体としては、人間にはクロイツフェルト・ヤコブ病、畜牛（牛粉を餌として食べさせられた牛）では狂牛病といった死に至る脳症をひきおこします。そしてこのプリオンが原因で認知症をひきおこすケースもあるため、研究者たちはアルツハイマー病やパーキンソン病など、神経変性疾患が進行するプロセスを知る手がかりにもなるのではないかと考えているわけです。意外なもの同士が結びついています。

植島　それについても、レヴィ＝ストロースは「狂牛病の教訓」という論文を発表していますね。いわゆる「共食い」が狂牛病をひきおこしているという議論に対して、では、そもそも動物を殺して食べるということには問題はないのかと述べていたと記憶しています。そう言えば、イランとか中東の国々ではよく羊の脳を食べますが、ある人によると、羊の脳と子宮はとてもよく似た味がするそうですね。スクレイピーは主に羊が感染する伝達性海綿状脳症ですが、人には感染しないんでしょうかね。

伊藤　脳を食べるというのはどういうことなんでしょうね。デイヴィッド・ホロビンの『天才と分裂病の進化論』には、現生人類は脳の脂肪を食べたから、その脳を肥大化させることができたのではないか、という仮説が述べられています。*[3] ホロビンはイギリスの精神分析学者ですが、現生人類は先行人類とは異なる知性や創造力を持つけれど、その決定的な違いは脳の発達であり、脂肪のかたまりである脳の脂肪組織の増大に他ならないと言います。脳脂質の変異により神経細胞が新しい形で結びつき、以前とは異なったレベルで人間は世界と関係づけられ、言語や象徴を介した思考が可能になったと。

植島　脳は脂肪のかたまりなんですね。

伊藤　注目すべきはその脂肪の変異は同時に統合失調症の種を人類に植えつけてしまったという指摘です。つまり精神的な飛躍や極端な思考などは、知性や創造力ときわめて密接なつながりを持っています。統合失調症を生んだ変異は現生人類の出現に大きな役割を果たし、その遺伝子を持つがゆえに、人は人になることができたと言ってもいいのではないかと言っています。

植島　面白いですね。

伊藤　ホロビンは統合失調症の専門家ですが、同時にオックスフォード大学で人類進化を学び、ケニアの医大教授として人類進化研究の中心地であるナイロビに滞在する間に、人類進化が起きた現場（大地溝帯）での知見を広めた人です。しかも人類が脳脂質を増大させたのは、人間の脳脂質を食べ続けたからであり、脳を食べないと脳内脂質が増大することはなかったのではないかと、神経内分泌と脳内代謝の視点から考察する。

植島　そうですか。

伊藤　ヒトの脳は脂質のかたまりだと言いましたが、ヒトとチンパンジーはゲノムの九九％を共有し、ＤＮＡはわずか一％しか違わないわけですが、その僅かな違いを生みだしたのは脂肪層の違いです。脳の成長過程も、情報処理もこの脂肪（リン脂質）により左右され、それを支配する遺伝子のちょっとした変異がヒトの脳機能を飛躍的に高めました。そしてその同じ遺伝子の変異が、統合失調症を生んでゆく。だから統合失調症は現生人類の誕生とともに生まれ、人種の違いが生まれる以前に人類に広まった。その遺伝子が与える特異な脳の働きが天才も生んでゆく――。そうした仮説はなかなか説得力があります。それは、ゲーム脳やインターネット脳など現在進行形の脳の変異にも関与していく。アメー

ドイツ、ドレスデンの衛生博物館の頭蓋骨の変遷展示空間

ホロビン『天才と分裂病の進化論』には、人類進化研究の中心地ナイロビの大地溝帯に夥しい数の頭蓋骨がハンドアックスで割られ、中の脳味噌を食べた痕跡があるとの記述がある。（撮影＝伊藤俊治）

バの問題から話は飛躍してきましたが、この世界のグローバルな流れの中で、細胞のような生命の原初的なコミュニティや身体的なコミュニティの活性化をどのように維持できるのか、ということかもしれませんね。もしかしたら、これまでとは違う形で構築された基本的コミュニティの可能性が探れるのかもしれない。

植島　うーん。「あなた」と「わたし」をつなぐものは、そう簡単ではないということですね。

第6章　接続された女

伊藤　ヴァーチャル・リアリティ（ＶＲ）技術が進化し、ソニーのプレイステーションＶＲのように、ヘッドマウントディスプレイ（ＨＭＤ）内のジャイロセンサーや加速度センサーで、頭の傾きや姿勢により情報空間を動かすこともできるようになりました。既に体験者の呼吸によって移動できたり、電流を流して筋肉を刺激し、手が何かに触れたように感じさせる触覚型ＶＲも開発されています。〝仮想〟の位相が大きく変化している。

植島　かつてダグラス・トランブル監督は、映画『ブレインストーム』（一九八三）で、ヘッドマウントディスプレイを通して、人間の記憶・知覚を他人に伝達することが可能となる近未来を描いていましたね。そこでは装置で接続された二人の間に神経伝達が行われるようになる。そうなると、相手が感じていることを全て自分も感じることができるようになるわけです。男が女になることも、女が男になることもできる。二人の人間が完全に入れ替われるようになると、そこではいったい何が問題となるのか。もし一方がセックスするとき、他方は何を感じるのか、もし一方が死ぬとき、他方はどうなってしまうのか。そんなテーマだったと思うのですが。

伊藤　知覚や感覚の転移や共有の問題ですね。しかもそれが新しいテクノロジーによって可能になるのかどうか。

植島　今やそれが現実化しつつあるということなんですが、八谷《はちや》和彦が一九九三年に作った「視聴覚交換マシン」なんかもそのいい例ですね。お互いが見るもの、聞くものを交換してしまう装置。アイデンティティの境界を曖昧にすることを目的として制作されたというのですが。

伊藤　メディア、アートの世界ではそうしたことが様々に一時、模索されてきました。「あなた」と「わたし」の交換ということに絞ったのは当時、新鮮でしたね。

植島　様々に改良を重ねられているけれど、八谷和彦の「装着したままキスやセックスを可能にする」という当初の前提はずっと維持されているようですね。それって自分とキスするということになるのかな。面白いですね。

伊藤　自分とセックス？　嫌ですね（笑）。アバターや多重人格の問題とも重なってきます。

植島　こうした発想はそれほど新しいものではないかもしれません。例えばシミュラークルの文化では、もはやオリジナルは存在しなくなる。全てがオリジナルのないコピーになってしまう。そうするとあらゆる概念がその意味を変容させてゆきます。遠く離れた別の場所にシミュラークルを生じさせることもできるし、その一方を点けたり消したりするとそれが瞬間的に移動しているかのように見える。二十世紀以降のキーワードとして「移動」とか「運動」ということがありますが、それさえも従来の意味を拡大するか、別物にせざるをえなくなってしまう。シミュラークルの出現をずらすことで、時間の経過さえも左右できる。

伊藤　〝点滅する自己〟によって時間の移動と空間の移動の差がつかなくなる。自己ということの出現形態が変わってしまった。

植島　伝達可能ということは同一マップ上に二つの因子が並存しているということですよね。それらを共通の記号に変えることができなければ伝達は永遠に不可能なわけです。

伊藤　『ディスコミュニケーション』の世界ですね。

植島　そういうふうに考えると、コミュニケーションとは、**支配ということの一つの型**にすぎないのかもしれない。パソコンによって個人が伝達の自由を獲得したように見えますが、同時に全ての情報は検閲され、不正に利用され、ウイルスやバグやハッキングの危機にさらされる。これからはオリジナルを求める旅やプロセスが通俗的なストーリーやゲームの中心となってゆくでしょう。けれどもそれは必ず悲劇に終わる。二十一世紀の悲劇の原型と言えます。それはすでにジェイムズ・ティプトリー・ジュニアの短編小説「接続された女」に見事に描かれています。[*1] 一九七三年の作品ですね。

伊藤　あまり知られていない作品ですが、どういう内容ですか。

植島　今読んでもかなり示唆的な内容となっています。公共の場で自殺をはかったP・バークという十七歳の女の子が救急車で運び込まれて、何とか生命維持装置で脳を保全して生き残るわけですけど、自殺というのは未来社会では最大の重い罪なので彼女を外に出すわけにいかなくなる。その代わり実験に使われて、遠隔操縦キャビネットに入って、これからアイドルとしてデビューするデルフィという少女と結びつきを持つんですね。身体は彼女（デルフィ）なんだけれども脳および神経系にあたる部分は全てその自殺未遂した女の子とつながっている。脳は彼女だけれども、現実の世界に生きているのは十五歳の少女デルフィ。

伊藤　ちょっと様相が違いますが何やら初音《はつね》ミクの世界を思わせますね。

植島　デルフィはハイブリッドな存在で、人はそういうものに対して危うい魅力を感じるわけだから、巧妙な売り出し戦術もあって彼女はアイドルとして大成功するわけですね。そして、そこにデルフィを心から愛するポールという青年が出てくる。二人の間には深い愛情の結びつきができるんですけれども、あるとき彼女の美しい金髪の中に隠された電極みたいなものを見つけて、それで彼女の正体を知りたくなる。ポールは彼女の枷となっているものを断ち切って彼女を自分のものにしようとする。で、それがつながっている電源を探して、ついに遠隔操縦キャビネットにたどり着く。絶対に見てはいけないものなんですが、どうしてもデルフィの真実を知りたいと思ったポールはついにそのキャビネットを開けてしまう。すると、そこにはものすごく不気味で醜い、身体中から電線を生やした怪物がいるわけです。身体中が神経系といわれるラインでつながった怪物。ポールはそれを見て恐ろしくなってその怪物を殺してしまうわけですね。するとデルフィも同時にその段階で死んでしまうことになる。そういうストーリーなんですが、これはものすごく色々な喩えが可能となる小説で、最初に思ったのはロラン・バルトの『S／Z』ですね。[*2] バルザックの『サラジーヌ』では青年サラジーヌがソプラノ歌手のザンビネッラに恋するのですが、どうしようもなく好きになって、引き返すことができなくなったところで彼女が男だと分かる。それでもうこの亡霊を僕は一生抱えていかなきゃいけないのかと絶望する話なんですが。

伊藤　現実でも、似たような状況が次々と起きていますね。

植島　基本的にはそういう存在って男でも女でも魅力的ですよね。そういうハイブリッド化というのは、人間にちょっと危うさがあるわけだから。

伊藤　植島さんの性癖ですか（笑）。

植島　いや（笑）。ただ、アイドルというのはそういうものでしょう。AでありBであるという矛盾を抱えた存在だからこそ、人を誘い込むような魅力を持つことができる。どこか普通のスッとした女の子ではない魅力というものがあるわけじゃないですか、アイドルっていうのは。こちらからすると全く正体が不明で曖昧な存在だから惹きつけられる。もっと知りたいと思わせられるんですね。

伊藤　十五歳のアイドルと遠隔操縦キャビネットの中の怪物という、視覚的なギャップもある。

植島　ええ。

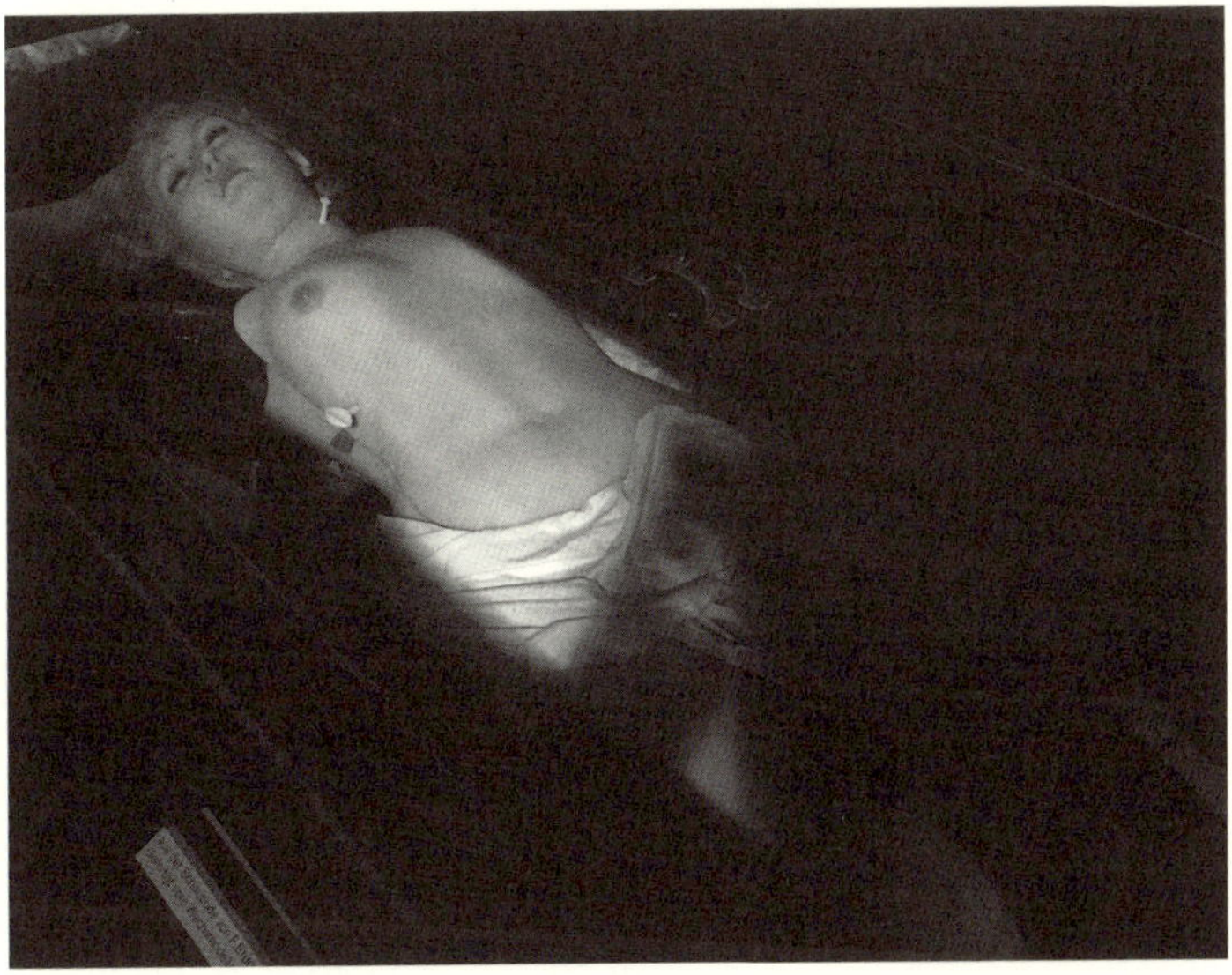

ドイツ、ミュンヘン市博物館の見世物小屋の展示空間

かつてヨーロッパの町々を移動して廻っていた珍奇見世物の出し物の一つ「眠れる美女」。肉体のパーツを一つ一つ剝いでいって、性器や内臓まで見ることができるようになっている。解剖学的なプロセスの中で、美女が怪物的な様相を最後には見せてゆく。(撮影=伊藤俊治)

伊藤　視覚的な情報を失ったとしたらいったいどうなるんでしょうね。我々は、大部分が視覚情報に頼って生きているわけですけど、セックスのときなどは視覚的な情報があまり意味をなさないじゃないですか。キスするときに目をつむるのもそうしたことと関係あるのかもしれません。全身的な快楽の場に入るためには視覚って重荷になりますよね。女の人は、常に触覚の愛撫とか、愛の言葉のように耳から入る情報とかに全身没入したいんじゃないのかな。男は違う可能性があるけど。

植島　うん、そうですね。だんだん伊藤さんの性癖が分かってくる（笑）。

伊藤　触覚とか聴覚の中に全身を没入させたいから目を閉じる。視覚情報にがんじがらめになった日常の覚醒した身体を、別のところにもぐりこませたいという要求があるんじゃないですかね。

植島　「はじめに」でルーシュとベイトソンによる図を提示しましたが、それをもう一度見てみると、生命体と思われている領域とその外部の環境と思われている領域との間には交わる部分がある。その交わったところが問題で、その部分が小さくなって単なる接点のようになるとスイッチみたいになってしまうけど、その部分が大きくなって両方がどんどん交わって一体化してくるという状態を考えると、それって実は**人間の身体が同時に環境であるという状況になるんですね。**それは幻覚状態でもあるしトランス状態でもあるんだけど、そのためにはそこに何が入ってくるのかというのが問題で、伊藤さんが話されたこともそうだと思うのですが、全感覚的な性的結合といった場合に、視覚でも聴覚でも皮膚感覚でもなくて、もっと全感覚的な結びつきをうながすものがあるんじゃないかと思います。それって極端に言うと「内観」みたいなものともつながってくる。

伊藤 内観?

植島 ほとんど触らなくても、ちょっと皮膚の表面を触っただけでも、相手が抱えている痛みを全部こっち側に持ってこれるという。それはもちろん実際にあることだし、身体性の問題というのは、最後はそうやって一体化する領域をどうやって理解するかということになると思うんですね。ミラーニューロン(共感細胞)の話とも重なりますが。

伊藤 進化論的に言うと、目は生物が光を感ずる感光性の点に過ぎなかった。もともと触覚に反応する生命体のある部分が光も感じる感光性の斑点を生み出し、皮膚上の陰影の動きに反応してゆく段階を経て、眼球の形態と視覚世界を生みだしていった。目をつむったときの光のパターンでそうした世界をある程度、想像できます。

植島 なるほど、それは発生学的に?

伊藤 皮膚の一部として特殊化してきたようなところがある。だから動物の視覚を進化論的に考えていくと、目というよりも最終的に皮膚で、そこに受容体があり、脳もその一部として機能しているみたいなところがあるんじゃないかな。

植島 そうすると脳も皮膚の一つかも? いわゆる中枢神経系、末梢神経系という量的な違いはあるけれど。

伊藤　あと、我々は目を幾つも持っているわけではないけれど、聴覚的、触覚的な空間は、焦点とか中心が無数にあって、視覚のように一点とか二点で全てをとらえようとする傾向を持っていない。我々が視覚認識するときには写真や映画のようにフレームや縁を想定するけど、聴覚とか触覚の空間はフレームがあるわけでも、縁がどこかにあるわけでもありません。植島さんが話したような一体化、常に**聴覚的、触覚的な環境と一体になっているという状況が感覚機能の原型**だと思うんです。

植島　そうですね。

伊藤　ある意味で無意識的な〝観る〟ことは覚醒した〝観る〟ことよりも秀れた凝視力を持つと言えます。脳神経を通さない直観力というか。現代人は視覚的に偏向した地と図の公式に慣れきってしまっていて、隠れていた閾下《いきか》の地が突然侵入してくると狼狽してしまいます。植島さんがおっしゃるように、脳は外部に広がりを得るにつれ、自閉化の度合いを強め、縮小化していきます。そうではなくて、脳は我々の身体全体に分布しているとみなし、脳を身体の一部に戻してあげることに可能性がある。情動や感情の多くは脳を介在しないで働いているという事実を、身体で新しく感知することも大切でしょうね。

植島　そこからメディアの問題に切り込むとなると、まず「現実を現実たらしめているものはいったい何か」というところに行きつくのではないでしょうか。現実はいったいどこにあるのか、目の前にあるのが現実なのか、それとも別に現実があって目の前にあるのは仮想、まやかしに過ぎないのか。多くの宗教が語ってきたように、人類の歴史を通じてこれまでずっと一貫して問題にされてきました。**目の前にあるものにとらわれることなく真実をつかまえなければならない**というのは、人間の持つ根源的な願望の一つだと思います。だから宗教学者エリアーデにしても魂の転生とか言うし、荘子は夢の中で自分が胡蝶になったのか、胡蝶の夢の中に自分がいるのかという有名な「胡蝶の夢」の喩えを論じています。例えば映画『マトリックス』でも、主人公は「今生きているこの世界は、もしかしたら夢なのではないか」という妄想に悩まされ、「自分が生きているこの世界はコンピュータによって作られた仮想現実かもしれない」と認識するところからスタートするのです。こうした「もう一つの現実がある」という願望を人間はずっと持ってきたように思います。それが一般庶民の今よりも幸せになりたいというシンプルな願望とつながって社会的にも大きなうねりとなってきたわけです。

伊藤　だから現実を現実たらしめている支えがあの世とか、「他生《たしよう》」だったわけです。しかし他生というのも持てないぐらいに今は情報が緊密化して微分化している。個人的には例えば一九八〇年代以前のことを考えると、ある種の連続したアイデンティティがあり、現実もそのアイデンティティから生まれてくるような考えを持っていたんですけど、今のような状況になってしまうと、太いアイデンティティが細い針金みたいなものになって、それさえも細かく点化され、点もさらに空気みたいな状況になっているような感じです。

植島　ええ、我々の社会は「モノから記号へ」というベクトルで動いてきましたが、今や**シミュラークルが現実に先行**するようになり、むしろ全ての現実を凌駕するようになりつつある。それはまさしく地図《マップ》の領土に対する関係と同じく、地図さえあればどこかへ行かなくても全部分かると思いこんでしまうようなものですね。

伊藤　インターネットが日常的な環境として入り込んでしまったことによって脳の使い方も異なってくる。ネットワークが人間の脳の機能をいかに変えてゆくかに関しては様々な説が出ています。記憶の定着度の薄さとか連続したアイデアを保持できないとか、線ではなく点のアイデンティティしか持てないとかですね。

植島　ええ。

伊藤　新しいメディアが現れたときにそれが何を強化するのか、それが何を失わせるのか、それが何を復活させるのか、それが極度に推し進められたときに何に転じるのかという四つのことは重要です。SNSでもそうですが、メディア自体はその内容にかかわらず、それを使う者に大きな脳の偏向と変容をもたらす。そして今、問題なのはインターネットが極限まで進められたときにそれがどう転じるか、その後に何が生まれるか、ということですね。

植島　学生がレポートを書くときにウィキペディアをコピペするように、世の中では同じ情報がずっとぐるぐる回っている。巨大な量の情報が存在しているように見えますが、よく考えてみると回っているのはわりと同じ情報ばかりなんです。ただ、ある程度の量を超えると、脳がそれを処理し切れなくなってくる。

伊藤　対応できない。

植島　もともと脳の働きの根本は、僕は**比喩とかアナロジーとか模倣とかいう能力**だと思うので、そういう能力というのは、物事を手際よく分割して分類のストックにはめ込んでいくという合理的な考え方とはちょうど対照的な働きだと思うんですね。つまり、脳の働きのスタートラインにはそれぞれ違ったものを結びつけるような働きがまずあって、夜空に広がる星に白鳥などの姿を思い描いたり、それをまた人の運命と結びつけたりして歴史が構成されてきたわけです。全く異質なものが、あるときパッと結びついたり、それが自然にシステムを形成したりして、我々はこの世で起こる出来事を理解してきたのではないでしょうか。

伊藤　ニコラス・G・カーの『ネット・バカ――インターネットがわたしたちの脳にしていること』[*3]でも分析されていますが、ゲームやネットで脳機能が変化しつつあるという。人間の高次な機能を持つ前頭葉の前頭前野と呼ばれる部分に特に変異が見られ、理性、意欲、注意力、抑制力などが弱くなっているそうですが。

植島　そういう傾向は確かに否定できないと思います。

伊藤　しかも、植島さんがこれまで何度も指摘していらっしゃるように、膨大な情報に接しても個人の時間とかアクセス能力って限界があるわけで、情報が消化できないとストレスがたまっていく。みんな**人生の三分の一ぐらい検索している**時間でしょう?

植島　確かにそうなっていますね。

伊藤　検索するということは、自分の情報とか関心とか興味を全部外部化していくことですから、大量の情報が溢れていても、それを意味のシステムに結びつけられない。

植島　先日、二十代の女の子たちと話してたら、その間ずっとスマホで、話している話題を検索しているわけです（笑）。例えば「こういう映画があって……」と話すと、もうその映画を検索している。それって典型的な状況なんだけど、要するに何も考えようとしない、その代わりいつも検索している。

伊藤　賢くない。どう考えても（笑）。

植島　極端に言うと、例えば食材が十あるのと百万あるのとどっちが幸せかということでもあるんですね。たった十しかないアイテムを与えられたときには人間って色々なことを考えられるけれど、百万与えられるとたちまち思考停止になってしまう。それとよく似ていると思いますね。

伊藤　メディアのバイアスが今はインターネットにかかり過ぎてしまって、前に植島さんが言われていた、メディアをもう一回リデザインする。リミックスしたり、あちらのメディアとこちらのメディアをつなぎ合わせたり、そういう細工というか対処が欠けてしまった。インターネットの力はすごくて、深いインフラになり、人間の知覚の根幹みたいな作用をしている。では、インターネットがもしなかったとしたら、どういう新しい環境とか設定が可能なのか。ポストインターネットは、そういうことを問うている。SF作家のアーサー・C・クラークがインターネット時代の初めに「ニューズウィーク」誌で、情報技術の進化は始まったばかりで、まもなくコンピュータのキーボードやモニターが無くなる、「ウォークマン」ならぬ「ブレーンマン」が現れてくると発言したことがあります。[*4] つまり言語やイメージを介さず直接、脳に信号を与えてゆくようなシステムですが、そうした研究も現在では進み、ポストインターネット的なヴィジョンを浮かび上がらせています。植島さんも「仮想環境システム」(一九九二)で、コンピュータはまもなく特殊な装置であることをやめ、身体化し、消滅していくだろうと指摘しています。[*5] そうした傾向は生命科学や情報科学の新たな動きと連動してどういうふうになってゆくのかですね。

植島　基本的にはヒエラルキーとか分節化の問題になってくると思うんですね。例えば昔のヨーロッパでは、教会の鐘の音が聞こえる範囲を「村」というような定義の仕方をしていました。共同体がそうやってわりと物理的に、人間の知覚をもとにして定義されていた。村と村の境界線がどこにあるかということを考える場合でも、お祭りのときの神輿とか山車とか人々のプロセッション(行列)なんかも必ずその境界線上を歩いて確認する。そうやって分類の区分が身体性とすごく密接につながっていたんですね。そういうようにして**身体と対応させて世界を分節化**していくということがこれまでの我々の文化を支えてきたように思います。

伊藤　そうした視点が重要になってくる。

植島　かつてマクルーハンは、いわゆる電脳空間を「人間の神経系の延長」として定義づけようとしました。しかし、今やそれははるか先まで行ってしまっている。つまり、毎秒おびただしい量の電波が我々の日常を覆い尽くしている。情報はある一定量を超えると我々の神経系を浸食してくるのです。それらの大半はスパムに過ぎないんですが、それが必要な情報を駆逐してしまって、全てがまるで生気のない澱んだ流れにまかされてしまうのです。恐らく二十一世紀の前半はハッキングとか検閲とかコピーとかがキーワードであり続けるでしょう。SF小説「接続された女」はそんな未来を暗示しているような気がしています。

第7章

恋人選びの心と性の未来

植島　進化心理学者のジェフリー・F・ミラーに面白い本があります。『恋人選びの心――性淘汰と人間性の進化Ⅰ・Ⅱ』という本で、性淘汰に関するものです。[*1] 性淘汰ってやや突飛なものとして扱われてきたのですが、そんなに突飛なことではなくて、ダーウィンもずっと強い関心を持っていたことですよね。進化と言えば、ダーウィン『種の起源』（一八五九）のいわゆる自然淘汰説が有名ですが、ダーウィンが「自然淘汰」による進化と言った場合には「性淘汰」も含まれていた。というか、むしろ性淘汰のほうに強い関心が向けられていたのです。それについて、ダーウィンには『人間の進化と性淘汰』というもう一つ重要な著作があります。[*2] ダーウィンはそこで、進化は自然淘汰によって生存に有利なものが残されていくばかりでなく、それと同じくらい重要な、彼が「配偶者選択による性淘汰」と呼んだものによっても動かされていくと論じている。ミラーは、性淘汰の理論は、進化は生存における差異よりもむしろ繁殖における差異によって起こる、というダーウィンの核心をよく表していると指摘しています。

伊藤　自然淘汰よりも性淘汰にもっと目を向けるべきであると。

植島　ええ。でも、ダーウィンの弟子たちというか後継者たちは性淘汰に関しては括弧に入れてしまって、要するに「キリンの首はなぜ長くなったのか」というような適者生存で理解しようと、矮小化したわけですよね。それに対して、ダーウィンが本当に言いたかったのは、やはり**性淘汰のほうが自然淘汰よりももっと本質的なことなのだ**ということです。

「チャールズ・ダーウィンの生涯の研究が鍵を与えてくれた生物科学のすべての分野の中でも、性淘汰の問題に匹敵するほど魅力的なものは他にない」と実際にいわれるようになったのは、一九六〇年代以降ですね。*3

伊藤 性淘汰というと道徳的に、どうしても隠蔽されやすく、なかなかそうしたことは一般に認識されにくいですよね。

植島 これはすごく大事なことです。全ての動物たちは、配偶者を探すことに全生命をかけてきました。例えば、クジャクの尾羽、ナイチンゲールのさえずり、ニワシドリのあずまや、チョウの羽、アイルランドヘラジカの角、ヒヒのお尻等々、それらは決して生存にプラスだからとは説明され得ませんでした。そうしたオスの余分な装飾が形成された理由は、全て異性への求愛としか言いようのないものだったのです。我々は、今から十万年前とかに戻っていくと、時代や文化はどんどん変わったけれども、恋人に嫉妬したり、振られてショックを受けたりすることは、未だに一貫して変わっていない。そのぐらい、これは人間にとって本質的なことなのだろうと思います。性淘汰ということについて、我々はもう少し意識的にというか、理解しないといけないことがあるのではないでしょうか。

例えば、僕は実際にヴィレンドルフのヴィーナスを見たことがあるのですが、これは豊穣の象徴的な表現であると教科書などではなっているけれど、もっとセクシャルな意味があるのではないかと思うんですね。そこがむしろ抜け落ちていて、ヴィーナスと言ったときに、豊穣儀礼や母性崇拝とすぐつなげてしまうけど、実は**美の感覚はもっと本質的なところにある**のではないか、ということにもなるわけなんですね。

伊藤　僕もそのあたりはずっと気にかかっていました。そういう見方をすると、先史時代も親密になり、世界観が変わりますね。

植島　ある個体にとって、他の個体の形や好みが環境の重要な要因となってゆく。特に配偶者選択時にオスは様々なメッセージを発して、メスはそれを慎重に吟味してゆく。先ほど述べたように、セミの鳴き声、ホタルの発光、蛾のフェロモンなど様々なメッセージがあります。ミラーは、ダーウィンの今まで注目されなかったアイデアを取り上げて、生存に直接関わらないヒトの行動の多くのもの、例えば、芸術や音楽、言語、ユーモアなどもこうした性淘汰によって獲得された求愛行動であると論じています。性的な好みが人間を進化させてきたと。

伊藤　芸術の見方も変わってしまう。ヴィレンドルフのヴィーナスの、ああいうセックスを強調し乳房や尻を大きくした体型や豊満さが美の規範だった。顔や脚はほとんど無視されていると。

植島　そうですね。ヴィレンドルフのヴィーナスなんかは後期旧石器時代だから、相当昔に遡りますよね。その頃は美の基準としてファッションや化粧がどうとか、そんなことはあまり考えていないわけだから、やはり性的対象としての女性を見るのが最優先だったの

ヴィレンドルフのヴィーナス像
10万年もの旧石器時代の歴史の中で、クロマニヨン人は石器とは異質な、美的で、聖性を帯びたモノづくりへ心をシフトさせていった。このヴィーナス像には、全体のプロポーション、乳房や臀部、性器や手足への強い関心が見てとれる。それは我々に直結するエロスの闇に根ざした生命の蠢きである。（Bridgeman Images／時事通信フォト）

だろうなと思います。ああいうヴィーナスの体型というか。

伊藤　異性を魅了するための形というか。

植島　北パラグアイだったかな、ある部族が狩りをするときに、その成果をなぜ自分の妻子だけにあげないで、皆に配ってしまうのかという研究があるんですね。こうした例は沢山あって、タンザニアなど世界中で見つかっているのですが、狩りの獲物を自分だけのものにするという部族は一つもない。持って帰ってきて、皆で分けるんです。百日間狩りをしても獲物がとれるのって五、六日間ぐらいしかないのに、全員で分けてしまう。ものすごく効率が悪いですよね。では何のために狩りをしているのか、結論を一言で言うと、妻子や家族のためではなくて、その部族にいる女たちに、「さあ、どうだ」と示してもてるためだというわけです（笑）。彼女らの関心を引くためと言うと、ちょっと矮小化されるのだけど、もう少し広く言えば、その**社会における自分のステータスを高めるため**ということですね。マルセル・モースみたいなことになるのですが。

伊藤　それが性的能力とパラレルな形になって……。

植島　ええ。やっぱり人間はいつの時代でも変わりがないということですね。

伊藤　狩りをし、獲物を分け与えて贈与することによって、自分のセックスアピールも増大させようとする。

植島　ミラーは、脳はだいたい異性を口説いて楽しませ喜ばせるために進化した、と言います。いわゆる生計を立てるためとか生きるためではなく、面白がらせるとか相手を魅了するために進化してきたと。我々は、獲物をとったらとりあえず自分の家族のもので、あとから皆に分け与える。余ったものは、腐ってしまうから保存する方法を工夫するというふうに考えてきたわけですが、色々な事例を重ね合わせると、そうではなくて、基本的には皆に与えているわけですよね。その理由としては、部族内でのステータスと異性にもてるということしか考えられない。

伊藤　異性にもてる進化論。

植島　意外と、そういうことは大きいんじゃないかなと思います。セックスの働きと脳の進化というものはあまり解明されていない。脳というのは基本的に昔からこうあったわけではなくて、ある時点から、今から五万年前とか、それより以前の何十万年前とか、あるきっかけごとに大きく変化しているわけです。我々は脳というと今は固定して考えがちですけど、脳自体がものすごく大きく変化してきている。その変化のきっかけにセックスの問題が絡んでいないわけはないと思うんですけどね。

伊藤　確かにそうですね。人間の臓器の一つである脳にも性淘汰は及んでいて、脳の活動も性ホルモンも大きな影響を受ける。

植島　そういうことですね。ダーウィンが晩年になって書いた『人間の進化と性淘汰』からはそうした考えが窺えます。それを、ダーウィンの弟子たちの進化生物学者たちはずっと隠蔽してきて、一九三〇年代ぐらいまでは触れてはいけないことになっていた。一九六〇年頃からようやくそれについての議論が起こったと、その経緯をミラーは書いているわけです。

伊藤　そこから我々の現在を照らし出す色々な問題が浮かび上がってきます。豊かな記憶力とか、高度の言語能力とか。脳はサバンナで生き延びてゆくために必要な能力以上に、はるかに知的で創造性に富み、洗練されたものとなってきた。

植島　自然淘汰というと、自分の捕食者に対して強いとか、細菌に対して強い個体が生き残るというイメージですが、性淘汰というのは、周りの同種の生物との競争なんですよね。男性であれば、女性をどうやって手に入れるかという。鳥で、複雑なさえずりをするオスのほうがメスを惹きつけるという事例もありますが、一見、生きていく上で直接役立たないような性質は、性淘汰の産物だというのがミラーの主張です。

伊藤　性淘汰をまず考慮に入れる必要があると。実際、動物の異性への**求愛のスタイルは驚くほど多彩**ですね。

植島　「自然淘汰」という言葉の中に、元々はそれも含まれていたんですね。ダーウィンが言ったのは、生存上及び「繁殖上」有利な進化ですから。

伊藤　ダーウィンが生きた時代はヴィクトリア朝の禁欲的な社会ですから、性淘汰を主張しても無視されていたのかもしれませんね。長い進化の歴史の間に、人間は恋人を選ぶために途方もないエネルギーを費やしてきた。食べること、眠ること、愛すること、それが生きる上で必要な全てだったのかもしれません。

植島　『恋人選びの心』の中でもう一つ大事なのは、人間は感覚器官によって何が起こっているか分かるわけだから、**遺伝子的な進化では説明できないことがある**という、我々の最初のテーマにつながってくるところです。予測不可能性について、彼がものすごくページを割いているのもそういうことですね。感覚とか脊髄神経によって、人間は今起こっていることに対応できるようになっている。そして、その脊髄神経の先端が膨らんだのが脳なわけだから、脳について議論するということは、遺伝子決定論に対して、人間の側の、何て言うのかな、一つの大きな要塞を作っているようなものなんですね。それによって、遺伝子決定論に対して、人間はそんなにシンプルに対応しないということを主張したいわけですが、脳という要塞がだんだん固定化されて巨大化し、あまりに要塞の働きが「人間を人間たらしめているのだ」となってきているところに問題があるわけですね。

つまり、そこのつながりで言うと、むしろ飽きっぽさとか、気分に左右されるところだとか、一貫性がないとか、奇抜だとかということは、人間にとってはすごく大切なことに思うんですね。社会的に規定されないような、そういうことに価値を置くべきだと思っています。

伊藤　そうしたことが異性をくどき、楽しませ、魅了することにもつながっている。

植島　フロイトも書いているけど、人間同士が誰かと出会って、まず最初に分別するのはその相手が男か女かなんですね。だから、彼が言ったことを敷衍すれば、へこんだものを見ると女とか、棒のようなものを見ると男とか、そういうふうになるのだけど、それも根拠がないわけではないということです。男か女かが人間にとって一番大事なことなんだから。人類学者のホープがどこかに書いていましたが、オスのヒキガエルは動くものと出会ったときに、反応は三つしかないというんですね。自分より大きかったらまず逃げる。で、自分より小さかったら食べようとする。自分と同じぐらいだったら交尾するんだって（笑）。

伊藤　決まってる（笑）。

植島　そう。その交尾した相手が逃げなかったら、初めて、ああ、同じヒキガエルのメスなんだと、そこで認識するということなんだけど。例えば、性行為から喜びを感じるかどうかということですが、それをある時点から喜びと認識したりする、要するに相手との関係を相対化して自分自身を見るというのは、わりと新しいことなのではないかと思うんですね。そこは恐らく人間の変化の一番大きな出来事と関わっているだろうなというのが、先ほど言ったこととつながってくるんですけどね。人間の自己と他者の中間領域を理解しようというわけです。

伊藤　セックスというのは、無意識的な自己との接触ということに関わってきます。性行為も自己と非自己の中間形態を生みます。男と女の相互嵌入《かんにゅう》が精神的にも身体的にも実際、現実問題として行われているというか。

植島　セックスをするというのは元々そういう願望なんじゃないでしょうか。自分と外側の環境の一致というのは、人間にとっての最大の欲望の一つです。自分がなくなってしまったり、ジーンとくるような恍惚状態に入ったり、また、全てが自分でしかないということが分かったりすることですね。

伊藤　フロイトも言うように、精神や心の障害の多くは性的エネルギーの、鬱滞と関わっていると思われます。精神のエネルギーは常にその身体的な、性的な核を探し求めています。ヴィルヘルム・ライヒはより直接的に勃起能力と射精能力はオーガスムの不可欠な条件と言い、オーガスムというのは生物学的なエネルギーの流れに逆らわずに身体を委ねる能力のことだと指摘しました。それほど**身体を完全に任せきる**ことは重要です。コントロールできない筋肉の収縮痙攣は、性器から身体全体に波動的に拡散してゆきますが、ついには意識が喪失する。オーガスムは、全ての生体と共有している生物学的な機能で、しかもその営みは男と女の両性で一致することがめざされる。自分の運動と相手の運動を一致させてゆくとオーガスムはより激しくなる。

植島　そうですね。

伊藤　もう少し広げると、マルセル・グリオールがずっと調査していた〝ドゴンの家〟というのがありますよね。彼の『水の神―ドゴン族の神話的世界』を読んでいて感動したのは、超越的なものと人間との媒介役を果たしていたのが家であったということです[*4]。断崖にドゴンの家が点在していて、その家の中の部屋は男と女に分けられて、それぞれの扉や入口は性器を表している。部屋の一つはあおむけに寝て、両腕を広げて、セックスの準備を整えた女性を表していたり、家の柱が男と女の足とか腕になっていたりというように、全部セックスと関係して家が作られ、それがドゴン族の宇宙神話や宇宙進化論と結びつく。ドゴンの家は人間の深い記憶や潜在意識の織物のようなものとして、木や土や水を混ぜ合わせて作られている。それらの家々が土地、神々、空、生、死を一体化し、人々の身体をその構造に織り込んでいるということです。

植島　それを言うなら、ライヘル＝ドルマトフの『デサナ―アマゾンの性と宗教のシンボリズム―』もそうですね[*5]。彼の分析もセックスと神話のストーリーを併記して、その象徴的な意味を解読していくという試みです。また、オーストラリア、アボリジニの砂絵分析のナンシー・マンによれば（僕は彼女の講義をかつてシカゴ大学で受けたのですが）、起こった出来事は、シンプルな渦巻き模様や点線で描かれているのですが、どれも神話的出来事とセックスとがパラレルになって示されているそうです。

伊藤　セックスと身体にまつわる多くの関係のネットワークが重層的に張り巡らされている。

植島 そうそう。イナゴの大群がやってきて大変だったという歴史的な事実と、セクシュアルな画像や神話的な出来事が一つの砂絵に同時に描きこまれている。だから、マルセル・グリオールの〝ドゴンの家〟もそうだけど、かつての言語というのは、洞窟絵画も含めて、そういう要素を持っていたんですよ。あえて言うならば、セックスと無縁の言語というか表現形態は、存在しなかったのかもしれません。

伊藤 そういうセックスと身体に関するシンボル体系のネットワークが、彼らが生きて帰るべき巣になっていた。だからそこへ帰れば、また何らかの形で自分がその根と一緒になることができた。セックスの問題はただ人間にとどめておくんじゃなくて、かつての知恵としては、共同体の中の家とか広場とか宇宙とか、そういったところにまで反映されている。

植島 シンボル体系にね。コミュニケーション、特に外界とのコミュニケーションを考えるときに、曖昧な部分が自分と自分の外側の世界の間にあって、そこにおいてセックスが一つの大きな意味を持ってくるということなんですよね。

第8章

記憶は脳の外に存在する？

伊藤　最近、自分の中で記憶ということが揺らいでいます。記憶が自分の移動や運動と共に、外からやってくるように思えることがある。記憶というと、普通は我々の脳の中にあると考えやすいのですが、ここでも脳という存在をパスすることで本質に迫れるのではないでしょうか。内在化された記憶というより、**外在化し流動化する記憶**へ目を向けることができないか。

植島　確かに記憶についてはこれまでよく分かっていなかったけれど、最近、ノーベル賞を受賞した生物学者の利根川進氏が、記憶中枢とされる海馬に記憶がどのように貯蔵されるかということについて試論を発表していますね[*1]。

伊藤　記憶はそもそもどこかに存在しているものなのでしょうか。二十世紀には、例えばイギリスの心理学者フレデリック・バートレットの「想起論」やアメリカの分子生物学者のジェラルド・エーデルマンの「神経細胞群淘汰説」のように、記憶の存在論に対して生成論というか、記憶は文字や記号のように保存されてあるものではなく、瞬間瞬間に変化しつつ生まれてくるものだという説が現れてきましたが、ここではさらに踏み込んでみたいと思います。つまり、「わたし」という存在と無限の多様性を持つ外部世界とは分離しがたいほど深く混じり合っていて、「わたし」自身が常に作り替えられてゆくという視点です。

植島　ええ、面白い発想ですね。

伊藤　例えば、異端視されていますが、ケンブリッジ大学のフェローだった生物学者ルパート・シェルドレイクが、「形態形成場仮説」を出しています。**形態形成場とは種や集団の過去の行動を記録する集合記憶領域で、そこにアクセスすることでメンバーは他のメンバーの経験や知識を共有できる。**このことをシェルドレイクは遺伝子レベルにまで拡大させてゆく。つまり、生物同一種が同じ形態になるのは、生物が何らかの共通基盤である形を生み出す見えない場を持ち、それぞれの生命体が、過去から蓄積してきた記憶に同調するような共鳴現象が起こるからだというわけです。

植島　シェルドレイクをここで取り上げるのはなかなかチャレンジングなのですが、その功罪も含めてちょっと議論すべきかもしれませんね。彼の著作は大方の科学者からはトンデモ本扱いされていますが、その方向にはまだ明らかにされていない何かがあるような気がしています。なにしろ脳の外に集合記憶の領域があるというのですからね。

伊藤　彼の着眼点から見ていきたい。種が蓄積してきた記憶をストックして、それを共有し、それに同調していけるような場があるのではないか、それは細胞レベルにも存在し、そこに固有の過去の記憶をプールし、引き出してくる仕組みができ上がっているのではないかという仮説は、こうした時代になってくると再考すべきことも含まれているように思います。シェルドレイクは、人間の記憶は脳の外に存在すると言い続けてきました。記憶は脳の中にあるのではなくて、脳の外に存在する。クラウドコンピューティングやグローバル・ネットワークなどがどんどん発達する現在、そうした動向を形態形成場という視点から捉え直すこともできるかもしれない。

植島　理解がちょっとしにくいので訊きますけれども、形態形成場というのは、例えば人間の胚があるとするでしょう。そこから胎児へと発達してくる。それは単一の幹細胞ですよね。それが分化して、手になったり足になったり、複雑なものへと変化していく。その設計図みたいなものと考えられるのでしょうか。

伊藤　それが内部の成長でのみ行われていると考えられてきたわけですが、内にも外にも設計図はあるのではないかと。この理論には幾つかのポイントがあります。まずあらゆるシステムの形態は、過去に存在した形態の影響を受け、過去と同じような形態を継承すること、次は離れた場所に起こったことが他の出来事にも影響してゆくこと、さらに形態だけでなく行動のパターンへも伝わってゆくということです。直接的な接触とか伝達がない場合でも、人間や生物に起きたことは他の人間や生物に伝播してゆく。生物の記憶は脳ではなく、種ごとにサーバーのような場に保存されていて、脳は最終的な受信機にすぎない。見えない巨大なサーバーフィールドがあって、人間はそれを解読する装置であるというのがシェルドレイクの考えです。

植島　例えば、僕がテレビの一部を壊して、あるチャンネルが観られなくなったと仮定します。または、テレビの音が出る部分を壊して、映像は観られるけれど音が全く聞こえなくなった場合を考えてみたいと思います。その観られなくなった映像や聞こえなくなった音は、テレビの中にあったと言えるのかということですね。もちろん違いますよね。これはシェルドレイクも引用している例なんですが。そう考えると、もしかしたらサイバネティックスの夢みたいなものとつながってきますね。アメリカでは「ブレイン・イニシアティブ」という、脳の全容解明にアポロ計画にも匹敵する資金をつぎ込むプロジェクトが動き始めました。そこでも、記憶は外部保存できるかというテーマが大きく取り上げられています。

伊藤　そうですね。これまでの理解の仕方では対応できない問題が数多く現れています。人間の記憶は、脳の中に存在するのではなくて、その脳を取り巻いている場そのものの中に存在し、それは人類とかサルとかウサギとか、その共通種が持っている場とつながっているのかもしれない。

植島　それは、例えばベルクソンが『物質と記憶』で書いていることであるとか、ガストン・バシュラールが、「物質的想像力」といって、想像力が人間の脳の中にあるのではなくて物質そのものの中に蓄積していくと考えたこととつながってくるんですかね。

伊藤　近いように思いますね。僕は美術史を研究してきたんで、イメージの生成プロセスには、必ずそうした種のようなものが孕まれていることに敏感なのかもしれません。あらゆる形態は過去に存在した形態の影響を何らかの形で受けて、過去と同じような形態を継承していく。そういう時間的な相関関係、世代を超えた相関関係を持っているという考えはイメージの歴史とも関係が深い。

植島　先ほどの利根川進氏は胚の形態がつくられたプロセスでノーベル賞を取ったわけで、それは脳にも応用できると言って、後に脳で同じ仮説を展開しようとしました。つまり、胚が単一の細胞であったのが限りなく分化して、独特のすごく多様なものへと変化していく。そのプロセスというのはある意味では形態形成場みたいなものがないと説明がつかなかったわけですよね。彼はそちらのほうに進んでくれたわけではありませんが。

伊藤　植島さんのテレビの例ではありませんが、脳に強いダメージを受けて記憶喪失になるのは、脳の中に記憶がある証拠にはならない。事実、ほとんどの記憶喪失は一時的なもので、回復します。テレビのチューニング・システムの不具合のように正しい周波数をキャッチできなくなったと思われるからです。こうした記憶回復は、これまでの理論ではなかなか説明がつかない。だから脳は記憶のストレージではなく、外部からの記憶のためのアンテナであると考えたほうが都合がいい。離れた場所に起こった出来事も、他の場所での出来事に影響を及ぼしているような、ある種の相関するネットワークを持っているということかもしれない。

植島　確かにシェルドレイクはそうした実験を沢山していますね。何キロも離れたところに置き去りにされた飼育動物が帰ってきたという類の逸話は、数知れないほどあります。

カール・エルンスト・オストハウス美術館、「記憶の建築」資料室
古今東西の膨大な資料や図像、オブジェが整然と分類され居並ぶ様は、まさに人間の脳の内部が剝き出しにされているかのような印象を受ける。ストレージとアーカイヴは21世紀のアートのキーワードでもある。（撮影＝伊藤俊治）

例えば、インディアナ州で行方不明になったコリー犬のボビーが、翌年三千キロ以上も離れたオレゴン州の家に戻ってきたというエピソードもあるくらいですから。

伊藤　動物や人間が感応できる、自分以外の拠りどころというか記憶のフィールドがあるかもしれない。

植島　渡り鳥とかある種のチョウとか産卵するサケとかが何千キロも離れた場所にどうやってたどり着けるのかということも未だに謎となっています。恒星を目印にしているとか、地球の磁場に対する特殊な感受性があるとか色々言われていますが、要するに何も分かっていないということですね。

伊藤　そういうものも含めて、ですね。

植島　そうすると、もう身体系という理解ではなくなりますね。

伊藤　そうですね。通常の身体という領域は超えていますね。そういうことが何で生じるのかというと、一種の共鳴現象のようなもので伝わっていくと見なすことになるんでしょうね。直接的な接触がない場合でも、ある人間とか生物とか物質に起きたことが、ほかの人間とか生物とか物質に伝播していく。

植島　そのあたりからちょっとオカルトじみた感じになってくるのですが（笑）、それを言うと、チョウが羽ばたくと遠く隔たった場所で竜巻が起こるとかいう、いわゆる「バタフライ効果」などを連想させますけどね。でも、素朴な疑問として、例えば僕が死んでしまったときに、僕の記憶にどうやってアクセスできるのか、という問題がありますよね。集合的無意識みたいなものだったら理解できるけれども。

伊藤　集合的無意識にもシンクロしますね。

植島　集合的無意識は分かりますよ。だって、太陽とか月を見てどう思うかみたいなことが、人類の中にある程度共有できているから。でも、僕の記憶は誰とも共有できないでしょう。

伊藤　共有できるレベルの記憶もあるかもしれないということです。植島さんの記憶は特殊だから（笑）。その実験の妥当性が疑問視されてはいますが、シェルドレイクが形態形成場へ関心を向けるきっかけとなったのは、ラットによる実験記録でした。つまりラットに特別な迷路を通り抜ける方法を教え、それからその子供に、さらにそのまた子供にと、同じことを教え続け、十五年にわたり、三十二世代のラットにこの実験を繰り返した結果、教えられていないほうのグループの子孫もその迷路を通り抜けることができたというのです。

植島　その実験の信憑性はどうなんでしょうね。

伊藤　信憑性はないでしょうか（笑）。ただ何か指示をラットに与えたわけではないのに、あるラットで起こった経験が、その種に伝わっていく。このような考え方はずいぶん昔から人類は抱いてきたのではないでしょうかね。

植島　「百匹目のサル現象」と一緒の話ですよね。幸島《こうじま》であるサルがイモを洗って食べたら、他のサルたちもみんな洗って食べるようになった。そしていつしか海を隔てた他の島々のサルたちもイモを洗い始めたというエピソードですね。「同じ行動や考えが、ある一定数を超えると、全く接触のない同種の仲間たちにも伝播する」というものでした。それを紹介したライアル・ワトソンも後で、やや行き過ぎがあったようだと認めています。でも、シェルドレイクはラットの実験以外にも沢山の実験をやっているので、それらの実験の信憑性はある程度は分かってくるように思えますね。

伊藤　そうですね。これも本当かどうか分かりませんが、別の大陸で別の実験者が同種のラットを使って同じ実験を繰り返すと、そのラットも迷路を通り抜ける方法を知っていたという。

植島　ラットたちが水槽から脱出する実験もやっていますね。

伊藤　でも、これは特別な体験なんです。命がかかっているとか。普通の日常的な体験が伝わるわけではない。必死な、命がけの状況の中をラットがくぐり抜けていったときの成功例が、蓄積され、他のラットにも伝わっていく。身体を捨てて重要な情報として生き延びようとする。リチャード・ドーキンスが「ミーム」という考え方を示したじゃないですか。文化的遺伝子と訳されていますけど、このミームに近い考え方だと思うんですね。ミームが脳から脳へ、記憶から記憶へ、渡り歩いていくイメージも想定できるかもしれないですね。いずれにしろ、シェルドレイクの話をしたのは、ドグマ化してしまったDNA至上主義に対する別の見方が、色々あり得るということの一つの例なんです。

植島　一つの仮説としてね。確かにある種の可能性が感じられますね。

伊藤　そういう仮説がこの時代と親和性を持っている。先に話したように、色々なテクノロジーとかネットワークが環境化し、それらが人類の最も重要な伝達媒体になっている。それは我々の外にあって、その外にある情報集積体なり形態形成要因といったものが我々に作用している。何か見えない巨大なメモリー・ネットワークが出来上がっていて、そこにコンタクトできる……。

植島　SF作家フィリップ・K・ディックの『ヴァリス』みたいですね。ヴァリス（VALIS）とは「巨大にして能動的な生ける情報システム（Vast Active Living Intelligence System）」（大滝啓祐訳）の頭文字をとったものなんですが、今、伊藤さんが言われたのは、遺伝子決定論に対してもう一つ上位の概念があって、それが理解できていないから、色々な変化の現象が分からない。ラットのメイズ（迷路）の実験とかを重ねることによって、これまで全然説明がつかなかったことをある程度説明できるということですよね。それはそれでいいのですが、果たしてそれ以上に一般化できますかね。

伊藤　難しいですね。ただ注目したいのは、**獲得形質は必ずしも遺伝的に受け継がれる必要はない**ということと、こうした情報伝達が起きたのは、今はまだ我々の感知できない領域によるものなのではないかということです。そうした領域に初世代のラットの記憶が貯えられ、後世代のラットがそこから情報を導き出すといったような。例えば、これも信憑性が疑われていますが、化学者が新しい結晶構造を作る時は原子を誘導し、特定の結晶の形をとらせるために数年がかりで実験を行うんですが、一度どこかで一つの結晶が出来上がると、どこの研究室でも同じ結晶をただちに作れるようになると言われます。つまり原子のそれぞれが我々の感知できない場を通じて互いに接続され、他の原子の経験から学習してしまう。ちょっと突飛ですが、目に見える関係ではない、そういう量子論的な振る舞いもある。

植島　記憶が外にあるというのはすごく面白いですし、僕もとてもシンパシーを感じるところなんですね。なにしろ僕の卒論はバシュラールの物質的想像力ですからね、だけど、それをもう少し展開できるような要素はないんでしょうかね。サイバネティックスというのは、その夢をある形では実現しようとしているわけだけど、それでも、恐らくその方向には解決策は見いだせないでしょうね。

伊藤　個の営みが、巨大な集合的な営為としてなし遂げられてしまうような、伝播のシステムについて新しい角度から見てみたいということなんですね。それを遺伝子レベルの問題として落とし込むような、何か決定的な理論があるわけではない。しかし、例えば人間の集団には、族や共同体の過去の行動とか体験を記録する見えない集合記憶の領域があっ

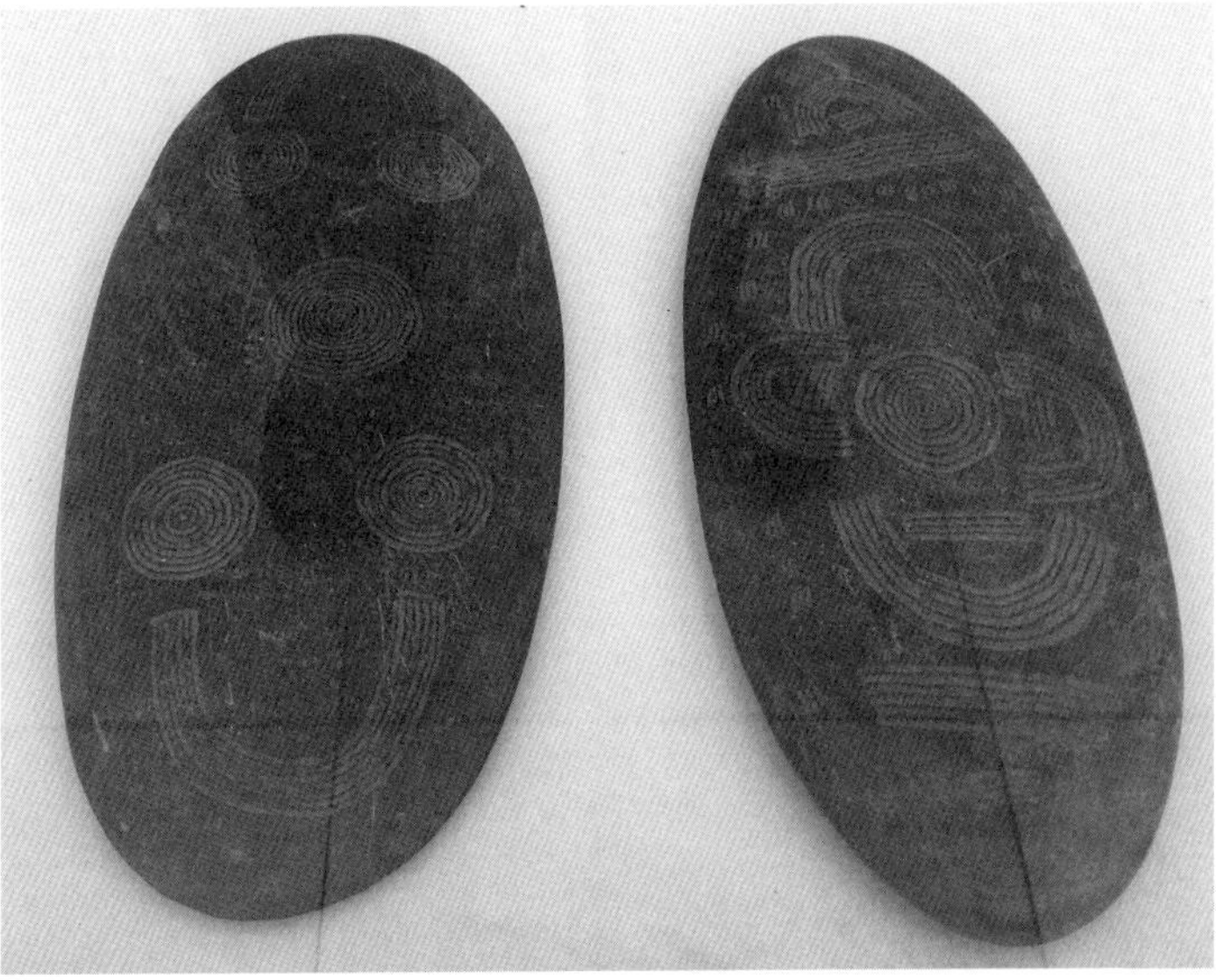

オーストラリア先住民アボリジニの夢見道具チュリンガ

チュリンガは、触ることで先祖の身体の中に入り、夢見を体験できるドリームタイムマシンである。同時に部族の地図であり、神話の伝承媒体であり、性的な隠喩を孕む、多重な機能を持つコミュニケーションのツールとなる。（撮影＝伊藤俊治）

て、そこに何らかの形でアクセスすることで、個々の人たちは他者の経験とか知識を共有できるという、普通のコミュニケーションでは考えられない情報伝達回路が存在している。アボリジニの人々が触れる聖物「チュリンガ」のようなものでもいいかもしれません。新たなコミュニケーション・エンジンの可能性としてですね。

植島　確かに、第5章のアメーバのところで話したように、普段はバラバラに活動している粘菌が、何らかの通信手段によって集まってきて、まるで一個体のように振る舞い始める。足の役割をするパートや手の役割をするパート、頭の役割をするパートも出てくる。これは全く予期せぬ変化だと言うほかないですからね。

伊藤　脳というのは精神的な自己がプリセットされた統合的なストレージではなく、自由な広がりを持った何らかの揺らぎや流れを一時的に限定した形でとどめている、肉体的なストレージにすぎないということなんですね。さらに言えば、**意識も精神の生活場としてはごく小さな部分でしかない**。事実、人間はこの意識という枷から解かれると不思議な能力を発揮したり、体を鉄のように硬くしたり、釘で突かれても身じろぎもしなくなったりします。創造性と呼ばれているものの多くが通常の意識状態ではない、微妙な失われやすい精神状態で起こることも、そうしたことと関連しているように思われます。それは、大切なことは意識や脳を介入させずに身体的に入りこんでくることの微なのかもしれませんね。

第9章　ホモ・デメンス（錯乱するヒト）

植島　旅をしていると、感情的なポテンシャルが高くなります。もう少し具体的に言うと、伊藤さんとも長いこと一緒に調査に行きましたが、僕らのテーマが、要するに憑依現象《トランス》とか、幻覚とか、蕩尽《とうじん》などと結びつくことですね。そういった**一見ランダムな要素が社会の根底になっている**ような共同体がこの世の中にいっぱいあるということです。もっと言うと、歓待とか、放蕩とか、ポトラッチとかが社会を支えているということですけれど。そうした要素というのは、ほとんどが我々の持っている常識とは違っているのですが、全て身体に関わっているというところが大事だと思うんですね。生け贄なんかもその典型ですけれど。

伊藤　インドやインドネシア、タイや台湾にもそうした激しい身体のトランスを介した沢山の儀礼がありました。キリスト教とか仏教とかの区別はあまり意味がない。宗教の側面には、いつも供犠《くぎ》や錯乱や陶酔や幻覚がへばりついているかのようです。スリランカのカタラガマで八月に行われる祝祭では、ヒンドゥー教徒とイスラム教徒が自分たちを鞭打つことから始まって頬を焼き串で貫いたり、大きな釘を刺したりといった苦行行為を繰り返す。そのクライマックスでは五十本余りの鉤が一人の信者の背中にかけられ、供物を載せた荷車につながれて寺院までの長い道のりをひっぱってゆく。アルジェリアのウゼラの宗教儀礼は、コーランの詠唱によってトランス状態に入った行者が剣や鉄棒を手にして自分の体に突き刺し、燃えたぎった石炭を口にくわえて踊りだします。

ニュピのサンギャン・ジャラン（火渡りの悪魔祓い儀礼）
バリ島には古くからその土地固有の悪魔祓いの儀礼である サンギャンがある。有名なバロンとランダの戦うチャロナランもサンギャンから派生してきたものだ。サンギャンは地域ごとに違い、その数は数百に及ぶと言われる。サンギャンは悪霊の介入に対抗する人間の錯乱の技である。（撮影＝伊藤俊治）

植島　ええ、身体が震えたりね。

伊藤　剣で切っても、針で刺しても血なんか出ないし、身体はどうなっているんですかね。

植島　祭りの興奮状態というのもあるし、ある程度演技もあると思いますが、一種の催眠状態と同じでしょう。人が二つの椅子の間に渡されて板みたいになったりする例がありますよね。あれと同じような状態になるとも考えられますね。

伊藤　脳はもう寝てるみたいな状況ですね。行者の脳波は深い睡眠時のようなものだと言います。

植島　恐らく脳はそのプロセスには関与してないでしょうね。そういう錯乱状態とかトランスというのは、バリ島の陶酔儀礼でもそうですけど、文化的な治療行為として何百年、何千年と維持されてきたわけですね。我々の社会ではどちらかというと忌まわしいものとしてパージされることですよね。脳の身体化というのは現代社会まではずっとタブーだったわけで、要するに社会が成立している根本のところに身体性の問題が潜んでいることですから。

伊藤　脳を介在させない複数の回路がいつも流れていて、それがないと世界が回っていかない。

植島　そうですね。それらを現代社会ではどういう形でまた取り入れることができるかという問題もあるかもしれない。暴動とかあると皆元気になるじゃないですか。

伊藤　血が燃える（笑）。
植島　そう、そう。だからどこでも暴動を起こすまでは皆元気だけど、暴動の後はすごく元気がなくなるんですよね（笑）。
伊藤　祭りの後で。
植島　でも、それは身体性の復権の一つの目安じゃないんですか。
伊藤　強く感じますね。
植島　「錯乱」というのは、人が理解できないことが錯乱なのであって。もしかすると、錯乱とは生命体にとって、もっと高次な段階で働いている機能かもしれない。それをたまたま論理的、合理的に理解できないから、錯乱としてしか見ることができないということだと思うんですけどね。これは恐らく遺伝子レベルでもそういう働きがあって、決してある一方向には動いていないということによって、何て言うのかな、働きが多様化して、生命体が一斉に滅びたりするようなことがないようにしている。そういうふうに理解できると思うんですけど。
伊藤　生命の本能的なふるまいに近いものを感じますね。トランスを周期的に繰り返すことで、特別な精神の創造性のプログラムを伝え続けようとしたというふうにも考えられる。儀礼の継承というのも、共同体のＤＮＡの保存システムとも見なされうるのではないでしょうか。

植島　ええ、そうですね。

伊藤　それと、**理解できないものに向きあうには、自分が理解できないものになるしかない。**トランスにはそうした要素があります。環境というものが偶然性に満ちたものなので、人間の身体性を無意識のうちに対応させる。何が起こるか分からないので、意識的に脳を使うと、多分できない。

植島　遅くなるし、うまくいかない。

伊藤　考えていたら終わってしまう。ランダムさがとても重要で、遺伝子とか免疫系というのも、結局何が来るか分からないところに対応するということですよね。

植島　免疫系の偉大なところは、前にもお話ししましたけど、火星とか他の惑星からわけの分からないものが来ても対応できるような柔軟性、寛容性というんですかね。それを持っていることではないかと思うんですけれども。

伊藤　多くの人間が滅んだとしても、その中で生き残る人が出てくるのは、多様性があるから。

植島　「ホモ・デメンス」（錯乱するヒト）という言葉もあるけれど、人間はもともと錯乱する動物だと思うんですね。それが文化を創ってきた。それなのに脳がむりやり規制するから歪《ひず》みもたくさん出てくる。もちろん放置するわけにもいかないんですが。

伊藤　そうですね。

植島　だから、むしろここで必要なのは、トランスなどが持っている意味について、もう一度よく考えるということだと思うんですけどね。なかなか難しい。

伊藤　実は我々が把握できない精神の領域が、意識よりもはるかに多くのことを知っている。その我々があまり把握していない領域は、比喩的に言うと周波数レベルが高いから、様々なことを脳を介さずに処理できてしまう。直線的な時間領域だけじゃなくて、無時間領域も取り込んで、直感的に実行できる。「変性意識状態《アルタード・ステイツ》」というのは、夢も催眠もトランスもそうですけど、そういうところに意識を置かないと、高次のメッセージを人間が取り入れられないということではないでしょうか。だからトランスが人間の生を動かす基軸になっていて、そういうシステムを取り入れないと閉塞的な社会構造になってしまうと考えられてきた。

植島　そのプロセスを典型的に表しているのは米国の脳科学者、ジョン・C・リリーだと思うんですね。リリーは、まずサルの脳に三十幾つかの電極を埋め込んで、脳の各部位がどう反応するか調べようとした。これは今は倫理的にできない実験になってしまったけれども。それから国立衛生研究所をやめて、次に移ったのがアイソレーションタンクの実験で、人体が浮遊するタンクを作って、意識と外部刺激との関係性を調べようとした。その次に移ったのがイルカの研究でしょう。このプロセスというのは、ちょうど今話していることとパラレルな関係になっている。彼はマイアミへ行ってイルカの研究をするようになって、動く生命体であるイルカの脳の働きについて調べようとした。僕は当時リリーに会いに行ってイルカにＡＢＣを教えたりする映像や、彼が精神医学者のロナルド・Ｄ・レインと対談しているフィルムなどをもらってきたんだけど、そういう彼の研究プロセスは幾らか予言的なところがあったと思っているんですね。つまり、リリーは脳に電極を当てる実験からタンクへと関心を移し、最後にはイルカへと移っていったわけで、それはとても象徴的な変遷だと思っています。

伊藤　脳、意識、身体、言語という重要な流れになって浮上してきますね。

植島　それと重なるか分からないけれど、ブエノスアイレスに行ったときに、[*1] あそこは精神分析が世界で一番盛んで、人口の何％だろう、かなり多くの人々が精神分析を受けている。精神分析のクリニックがそこら中のビルにあって、それをずっと取材して歩いたわけです。そのときに、精神分析が何でこんなに流行っているかということを、逆の面から調べてみようと、郊外にあるルハン大聖堂に行ったんです。そこに住んでいるのは、多くがイタリア、スペインからの移民だから、カトリックを信仰する人たちも結構いるんですね。そこではカトリックから精神分析への移行は、実はあまりうまくいっていなかった。なぜうまくいかないかというと、精神分析というのは主に言葉のやりとりでしょう。それなら従来の教会における懺悔とそう変わらないんですね。やっぱり病気を根本から治すには身体性の問題に関わらなければならない。「内観」なんか身体性の最たるものでしょう、そうした方向性を示されないとうまくいかない。あのとき旅してすごく実感したのはそのことですね。

伊藤　人間は人間を根本的に救うことはできないということですね。言葉では救えない。

植島　僕のメッセージはいつもそこに行くんだけど（笑）。

伊藤　東日本大震災（二〇一一）以後の問題でも、やっぱり色々なことを色々なふうにやろうとしているけど、何か歯がゆくって、行き届かないように思うのはそういうことなんでしょうね。

植島　人間の少々の努力ではどうにもならないことが幾らでもあるということですね。悲しいことですが、人間の歴史はそういうことの繰り返しだから。

伊藤　スマトラ島沖の地震（二〇〇四）があったとき、あれは二十二万人が亡くなっているんですけど……。

植島　ああ、そうだったんですよね。考えてみればすごい数字ですね。僕も伊藤さんもその少し前にスマトラの調査に入っていたんですが、当時のホテルも博物館も、影もかたちもなくなってしまったんでしたね。

伊藤　二〇〇四年ですけど、被災地のアチェは、その前からインドネシアでも宗教的な内戦が繰り返されたところで、一年で一万二千人ぐらいの死者が出て、同じ国の中で人々が殺し合っていた。「タイム」誌が二〇〇七年にスマトラ島沖地震特集をやり、そこに載っていた記事で「あの地震のおかげで人と人が殺し合わなくなってよかった」とおばあさんが言っていたのが印象に残っています。

植島　哲学者の鷲田清一《わしだきよかず》さんが言っていましたが、震災があって津波があった直後は、皆がとにかく表に出て一種の祭りのような状態、ターナーの「コミュニタス」が一瞬実現したような一体感が生まれたということですね。それはよく分かります。

伊藤　なぜ陶酔儀礼や祝祭にこだわっているのかというと、やっぱり**別の情報系に人間が身体をさらす**ことができるからだと思うんですよね。そのエクスタシーの技術を、植島さんがずっとお書きになっているように、あらゆる宗教が非常に緻密に取り入れてきましたね。しかも二十一世紀になってもそれをなくそうとしない状況があるわけで、別の情報系に身をさらさせ、人間がもう一回依って立つところを感知させるような仕組みを、現代世界は失ってしまった気がします。

植島　そうですね。今おっしゃったこと、もう一つ別の情報系というのがあるということはすごく大事な点ですね。

伊藤　そうすると、必然的に人間が聖なるものとみなすものは一体何だろうかということにつながっていく。植島さんが生命システムの動きに特殊なプロセスが幾つかあって、そのプロセスの情報が他の部分に波及していくと、全体の機能がトランスしたり麻痺したりするのではないか、とお書きになっていましたけど、そういう情報回路を人間は聖なるも

バリ島マス村の魔女ランダの仮面
超自然の力に、仮面をつけ、エクスタシーに入り、トランスダンスを舞うことで立ち向かう。天災や疫病など人知を超えた事態に対処し、それを宥め、うまく切り抜けるには人間が自己の限界を超越し、理性や合理性といった属性を捨てて、人間以外になるしかない。（撮影＝伊藤俊治）

のとして受け継いできた……。

植島　そうですね。だから先程のトランスなどというのも、その一つの仕組みかなと思うんですね。聖なるものという役割の中に、下部システムとしてトランスとか夢とかが組み込まれる。その**聖なるものが持っている特殊なプロセス**みたいなものを明らかにしたいと思いますね。

伊藤　イスラム神秘主義のスーフィーのトランスや、神秘主義者グルジエフの舞踏「ムーヴメンツ」のことを調べたときに思ったのですが、やっぱり、人間の体を別の情報系にさらす技術は古来から様々にある。例えばスパイラルとか振動とかいったものが、常に儀礼とかダンスとかにはめ込まれていて、それらは共通性を持っている。そういう別のエネルギーの場に立ち会うために、社会とか共同体の中で妥当だと思われていたシステムから離れて、違うシステムの中に入る仕組みを作ってきた。

植島　そのシステムはもう何千年も我々の社会を支えてきたものであるにもかかわらず、いまやそれらを無くしてしまって果たしてうまくいくのかということですね。

伊藤　スーフィーの旋舞はセマーと呼ばれますが、空虚とか、聴くとか、神との交わりといった意味を持っている。彼らはその交わりを〝タリーク・イシュク（恋の旅路）〟と呼び、神を〝愛する人〟と名づけます。その愛する人と一体化できない苦しみや悲しみが基本にあって、人が死んだときに初めて魂は神のみもとへ行ける。報われない愛を求めて精神の流浪を繰り返し、極度に苦しみ悲しむあまりに自我を喪失する幸福状態におちてゆく。スーフィーにとって最大の罪は人間が自意識を持つことです。だから旋舞は自己放棄の旋回なんですね。通常は葦笛の演奏とか礼拝の声とかから始まって、聴覚的な空間に没入するために、踊る仕草をどんどん変えていくのが、踊る前の儀礼から見ていくとよく分かる。植島さんもご覧になったグルジエフの伝記映画……。

植島　ええ、『注目すべき人々との出会い』（一九七九）。

伊藤　ピーター・ブルックが撮った映画なんですけど、この中にグルジエフがトルキスタンの山中に隠れ住むサルムング教団のアシュラム（僧院）へ辿りつくシーンがあります。

植島　ああ、そう、そう、実在するかどうか分からないような僧院ですね。

伊藤　サルムング教団というのは紀元前二五〇〇年の古代バビロニアに設立された教団だと伝えられている。イスラム教よりはるかに古い歴史と伝統を持ち、七世紀まで存在していたことが知られています。イスラム教と入れ替わりですね。まあそうした教団が山奥深くに生き延びていたと。グルジエフはそこで徹底的な肉体鍛練とエネルギー昇化の身体技術を学んだといわれます。人間の奥底に眠っている潜在力を目ざめさせるシステムです。それが「グルジエフ・ワーク」に結びついてゆく。グルジエフは、リチャード・ドーキンスが言うように人間というのは「生存機械」だと説いています。確かに自分が生き延びることを考えているＤＮＡからの指令で利己的な行動をとる。人間は眠りこけている無意識的な機械で、その行動や思考も機械的反応にすぎないのだけれど、しかし人間は機械であることをやめることができる。そのためには機械であることを知る必要があり、もし機械であることを知れば、もうそれは機械ではない。つまり**人間は自己を知らない機械**であり、目ざめることで初めて自分自身という進化した存在になりうる、と。バイオテクノロジーやＤＮＡ研究、サイバネティクスが辿りついた、さらにその先をさし示しています。

植島　なるほど。

伊藤　映画のイントロで、アショークと呼ばれる吟誦詩人たちの競演会に幼いグルジエフが立ち会うシーンがあります。ペルシャ、トルコ、コーカサス、トルキスタンなど様々な土地からアルメニアの谷に集まってきたアショークたちが、大勢の人々を前にインプロヴィゼーションによる吟詠の技と質を競いあう。その交わされる即興のメロディは、音声学で言う「アンサパルニアン的共鳴流」という共鳴反響現象に従いながら、驚くべき音場を作りだしてゆきます。圧倒的な光景でした。

植島　僕もその谷を実際に訪れたことがあります。名人の演奏だけが、終わっても谷間にずっとこだましているわけで、その場に立たずにはいられませんでした。不思議な場所でしたね。それから、確かグルジエフが秘密の僧院へ入っていったら、奇妙な踊りをやっていましたよね。神聖舞踏。

伊藤　はい。非日常的な身体運動の極端な形式化とか、自己意識の深化拡大とか、身体の機械性の把握とか、そういう特性がエクササイズにはめこまれています。そこに黒檀で作られた不思議な装置があったことを覚えていますか。調べてみたら、それはダンサーたちの稽古を補助する器具で、生命の木みたいな木に踊り手の体を当てはめて、体に型を記録させる。

植島　ええ（笑）。

伊藤　人間の関節の格好そのものを模型化してあって、外部と一体化し、共振するための仕組みだったんですね。グルジエフはその器具を見て、何のためのものなのか、分からなかったんですが、そのメカニズムの意味を知ったときに感銘を受けます。円柱が三脚台に固定して立てられ、その円柱の七ヶ所から特殊構造の枝が出ていて、さらにその七つの枝から寸法の異なる七つの部分へと分かれてゆく。

植島　フラクタルな図形みたいですね。

伊藤　そうなんです。それぞれの分節は象牙球で隣の分節とつながり、どの枝の分節も自由自在に動かせるようになっています。象牙球にはそれぞれ記号が刻まれていました。この器具の脇に、多数の金属板が収納された戸棚が置いてあり、その球の印と金属板の印とを対応させることで、球とそれに連結した分節を適当な位置に合わせることができます。そうして球を全て所定の位置に合わせると器具のとる形と広がりが定まり、踊り手はその姿勢を頭の中にイメージとして取りこむことができる。〝姿勢と身振り〟のアーカイヴで、僧院の人々はその日の儀礼にふさわしい舞踏を演じ、何千年も前に織りこまれた真理を読みとってゆく。グルジエフはその舞踏を目の当たりにして、ダンサーの外的な正確さ、厳密さに驚愕します。まさに身体技法の一つの極点のように思えました。

第10章 人はなぜ夢を見るのか

植島　夢の内容を解読できるようになったという記事が、科学雑誌の「ニュートン」（二〇一三年六月号）にありましたね。夢というのは視覚的体験を伴っているわけで、寝ている人を時々起こしながら、今どんな夢を見ていたかということを確認する。その脳波というか、脳活動パターンを分析してデータベースを作っていくと、その内容が理解できるようになったという。つまり、男性とか樹木とか結婚とか、そういうキーワードに従ってｆＭＲＩ（磁気共鳴機能画像法）で観測したデータを蓄積しておくと、その脳波の形でパターン化でき、どんな夢を見ていたかが理解できるという話ですよね。

伊藤　脳の活動パターンを解析し夢に現れた物体を言いあてる国際電気通信基礎技術研究所（ＡＴＲ）が行った実験ですね。心理の可視化や精神疾患の診断への応用が期待されていますが。ある人の脳の活動から、夢に登場している可能性の高いものの単語が表示され、その単語に対応する画像が出力される仕組みです。これは基本的にやはり言葉と関連している。

植島　僕も画像を見ましたけど、どこまで信憑性があるのか、もう一つ理解できないところがあります。

伊藤　そうですね。アルファベットとか図形を見せたときの脳の活動パターンから、見ているアルファベットとか図形の画像を再現するということでしょう。もともとこれはロンドン大学のイゴーリ・アレクサンドルがやったニューロ・コンピュータ研究「マグナス」

に近い。マグナスは初歩的な心象イメージを描けて、学習や夢を見ることもできる。例えばマグナスの眼（ビデオカメラ）の前にカップを置くと、神経細胞のような小さなトランジスタが反応して、カップの形が記憶される。続いて「カップ」という単語を見せ、形と言葉を結びつける。その次にマグナスにカップという単語を見せるとマグナスの〝頭脳〟にその形が浮かび上がる。

植島　そういうことですね。ジョン・C・リリーが昔行った、イルカに言語を教えるのに、アルファベットとか円とか三角を見せて、それを発音できるようにするという、その訓練には立ち会ったことがありますけど。

伊藤　でも夢って、言葉の媒介なしで外部と交流する仕掛けなのに、言語が重要なファクターとして介在してきている。もともと、夢は前言語状態のカオスなわけで……。

植島　そこにちょっと違和感を覚えるんですよね。もっと単純な図形を見せて、その図形に反応するというのだったら、以前に彼らはそれを発表したわけですね。それは説得力があるんだけど、図形ではなく単語、概念によって夢の内容を理解しようというのは、どうなんですかね。逆に言うと、夢の中の大事な部分が抜け落ちてしまって、むしろフロイトの夢判断みたいなもののほうが本質を言い当てているように思うのですけれども。

伊藤　フロイトは自己と他者の何重にも重なり合った関係の束に焦点を当てているし、そっちのほうがリアリティがある。

植島　睡眠の問題もそこから導き出されると思うんだけど。睡眠ってすごく謎が多い現象で、睡眠のときの生体反応は起きてるときと全く同じなんですね。例えば昏睡状態だと生体反応がかなり落ちてしまうんだけど、睡眠では起きているときとほとんど同じですごく活動をしているんですね。エネルギー消費量も同じぐらいだし。ということは、睡眠というのは起きていることに対応した休息ではなくて、何か**積極的な生命活動**であるということも言えるんですよね。

伊藤　別の身体が動き出しているような。目をつぶっても目がぐりぐり動いている。

植島　ラピッド・アイ・ムーヴメント（ＲＥＭ）。

伊藤　そのときに目が動いているということは、眠っていながら何かを見ているわけですよね。

植島　ええ。言うまでもないことですが、人間の眠りは、脳の眠り（オーソ睡眠）と身体の眠り（パラ睡眠）に分かれていて、それらが交替のリズムで現れると言いますね。そしてその身体の眠りのときに夢は現れる、というか、起きてから想起可能な夢を見ると言われています。身体の眠りというのは目覚めているときの身体の筋肉の緊張がほどけ、深い眠りにあるにもかかわらず、目覚めの脳波を出し眼球がよく動いていて、これをＲＥＭ睡眠と呼ぶこともあります。

伊藤　ＲＥＭ睡眠のときに起こすと必ずその被験者は夢を見ていると言いますね。完全に脳が眠ったオーソ睡眠のときは夢を見ていない。REM睡眠のときだけ夢を見て、しかも半覚醒の脳波を出している。

植島 その夢を見ているときの夢の内容の調査がどこかにあったんだけど、七〇%近くが不安とか恐れとか苦しい、悲しいという感情と結びつくらしい。だから何かの代償作用なんでしょうね。それによって解消できるものがあるっていうことなんじゃないかな。

伊藤 夢は代償行為であると。さっきのマグナスはビデオカメラのスイッチを切ると外からの刺激に飢えて、神経回路が混乱し、文字通り悪夢にうなされるとアレクサンドルは報告していました（笑）。脳の一番古い皮質というか、脳幹の部分は内臓脳と言われているらしいですけど、その内臓脳の異常な働きが夢を誘発していくという説があり、人間の最も古い皮質の生命活動のリズムとシンクロしている。夢を見ているときに動きまわる目は、その最古の脳皮質という皮膚とつながっている。夢というのは太古の人間の精神活動に近いのではないでしょうかね。

植島 なるほど。

伊藤 人間の脳は古い皮質を包むように新しい皮質をどんどん発達させてきて、その新しい皮質は人間が起きているときに活発に動くものですが、夜の眠りとともに、別の身体が入れ替わっていく。眠ると古皮質が目覚め、人を**未分化な主観世界**へ引き戻すことはあまり認識されていない。夢を見ているときに皮膚とシンクロした目が活動し、覚醒時の脳波を出しているのは面白い現象だと思います。

植島　でも、実際に夢の働きに関しては、研究は沢山あるけど未だによく分かっていないことが多いんですけれども、今の伊藤さんの話は大事なポイントだと思うんですね。トランスとか夢とか、それから精神疾患などには色々なことが含まれていて、そういうことが**全て身体現象としてある**ということを我々は排除してしまっている。例えば統合失調症の患者さんの話などは、病気だからといって軽視されるけれど、実はそれらには我々の身体活動と密接につながっているものがあるのではないかと思う。

伊藤　そうした夢判断は興味深いですよね。夢見ている自己って、自分と外部や他者が何重にもつながった状態を体験していると思うんですよね。意識の覚醒した状況では重合した自己と他者の関係を認識できないんだけど、夢はそれをうまく把握できる。

植島　ええ。

伊藤　最近、注目されているタイの映像作家アピチャッポン・ウィーラセタクンの新作『光りの墓』（二〇一五）には、原因不明の〝眠り病〟にかかった男たちの体に触って、その人の見ている夢を伝えられる少女が出てくるんです。じかに肉体を触りながら、その人の夢を語り、その人の前世や過去の記憶さえ呼び起こすことができる。意識の検閲を受けない身体と交われる。

植島　とても興味深い話ですね。

バリ島ゴアガジャの夢見谷
9世紀から11世紀頃の古代遺跡ゴアガジャは、僧侶の瞑想や修行の場で、渓谷のあちこちに夢見と夢告のための洞窟(ゴア)が残る。川のせせらぎに意識を集中させ、ドリームタイムに移行した。(撮影=伊藤俊治)

伊藤　『光りの墓』には、この〝眠り病〟の治療のために設置された、光と色により脳細胞を活性化し、特別な記憶を蘇らせるというマシンも出てきましたが、こっちのほうは、肉体に触って夢を伝えるより、いかがわしい（笑）。この映画には夢と浮遊の感覚が満ち溢れています。

植島　かつて『聖地の想像力』の中でも書いたんだけど、[*1] 人間の持っている一番根本的な幸せな状態というのは、やはり空を飛ぶような無重力の状態ではないかと思います。夢とか天国とか極楽というのはちょうど無重力状態の実現でもある。だから、僕の専門の話になりますが、我々はつねづね重力とか磁力とか色々なものによって影響を受けているわけだけど、無重力の夢の持つ**全てから解き放たれている感じ**というのは、聖地という特別な空間を構成する重要な要素なんじゃないかという気がするんですけどね。

伊藤　夢が持っている予知力とか予兆能力とか、通常では考えられない感受性とかも、自己同一性に基づいた自分ではない形で知覚を解放させているから入り込む情報だと思うんですよね。

植島　脳の話に戻りますが、脳における重要な機能って、左右の両半球にそれを補足するような、つまり片方が損傷を受けてももう一方で代替できるような部分があるわけです。けれども、言語野だけは、ほとんど左半球にあって、例えば発話行為は左半球にしかできないということがありますね。どうして言語機能だけが大脳半球の左側にあって右側にないのか。それに対応する右半球というのはいったい何の役割を果たしているのかということがずっと問題になってきたわけです。つまり、左半球で言語を司っている部分は、ウェルニッケ野と言われるのですが、それでは、右半球のウェルニッケ野に相当する部分ではどんな働きをしているのかということが問題になってきました。心理学者であり人類学者でもあるジュリアン・ジェインズは『神々の沈黙――意識の誕生と文明の興亡』の中で、我々の脳の半分は人間の領域で、半分は神の領域であり、右脳にその痕跡が残っているという興味深い指摘をしています。[*2] 右半球のウェルニッケ野に相当する部分ではつねに何かがささやかれており（「神の声」）、左半球のウェルニッケ野はそれを聞き、理解するための器官だったのではないか。遠い昔、人間の心は、命令を下す「神」と呼ばれる部分と、それに従う「人間」と呼ばれる部分に二分されていたということになります。比喩として捉えただけでもわくわくしますが、彼はそれを実証したいと考えるわけです。しかし、それなら、どうしてそれほど短期間に、神々の声が聞こえなくなり、「意識」という新しい仕組みを得ることになったのかということが問題になるわけですが、恐らく、それに対する答えは、たえず変化する環境に対して、はるかに大きな適応能力を生命体に与えることが必要となったからではないか、と彼は考えます。脳や中枢神経系は人間が誕生したときからがっちりあったものじゃなくて、人間の歴史の中ですごく大きく変化してきたということも含めて問題にしたいんですね。

伊藤　意識ということの捉え方にもよりますが、ショッキングな説ですね。人類の急速な環境変化や夢の生成とも関わるんじゃないでしょうか。ジェインズの「意識」という言葉は、例えば「テーブル」ではなく、「私はテーブルを見ている」ということ全体を指し示している。そして意識のある人間はたえずこの「内観」という行為を使って「自己」を見つけ、目的や状況に照らして自分がどこにいるのかを知ろうとしている。ジェインズの言う三千年前かどうかは分かりませんが、どこかの時点で脳の組織変化で新しいヴァージョンに変わったと言えますね。

植島　問題意識はすごく面白いのですが、さすがにいろいろ疑問点も含んでいるようですね（笑）。さっき話したように、もともと脳の重要な機能はどちらかが損傷を受けてもどちらかで代替できるようになっているわけです。ところが、言語機能だけがそれができないというところに大きな謎がある。そうなると、右半球では言語機能に対応するのはいったい何かということになります。しかも、損傷を受けて右半球全体を切除したとしても、精神機能に生じる障害は驚くほど少ないということも分かっている。では、右半球は何のために存在しているのかということになるわけです。

伊藤　「神の領域」の残存と関わってくる。人間の意識というのは文化的な要請に従い学習されてきたもので、古い精神構造の痕跡の上で様々に揺らいでいる。つまり我々の意識というのは解釈装置であり、辻褄合わせをいつもしようとして、現実を見ようとしないこともある。そういう意識の構造を考えてゆくと、どうしても意識以前の状況はどうだったんだということになります。そこでジェインズは、意識が生まれる以前に、幻覚や幻聴に基づいた別の精神構造があったのではないかと問題提起する。つまり人間は誰もがこうした幻覚や幻聴を起こす素地があり、それが「二分心」と呼ばれる意識以前の状況の基礎となっていたと。

植島　ええ。例えば、ペンフィールドの有名な実験があります。[*3]「てんかん」と診断された約七十人の患者が対象となったのですが、ウェルニッケ野に電流を流すと、多くの場合、不明瞭な声が聞こえてきたと報告されています。ペンフィールドらはそれをただの過去の記憶のフラッシュバックと考えたわけですが、しかし、被験者らは彼らの経験は決して記憶によるものではないと主張したのです。

伊藤　この間、久保田真琴さんの『スケッチ・オブ・ミャーク』（大西功一監督、二〇一一）という、宮古島（ミャーク）に残る神歌と古謡を歌い継ぐ人々を撮ったドキュメンタリー映画を観ました。色んな批判や論争が起こった映画ですが、例えば「オヨシ」という歌は神と交信する歌で、特別に選ばれた女の人しかこの歌を歌うことはできない。その選ばれた女である「カンカカリャ」が一人だけで歌い始めるのですが、歌っているうちに神の声が聞こえ、一緒に唱和する。その声を聞くことができない人も沢山いるけれど、歌とか音とか振動とか、そういったものにうまく乗り移れるというか、捉える機能が人間の中にまだ強くあることが感じとれます。

植島　あの映画はライ・クーダーの『ブエナ・ビスタ・ソシアル・クラブ』（一九九九）の日本版と言ってもいい傑作ですね。もっと多くの人に観てもらいたいものです。ところで、それって今伊藤さんが言われた歌とか音とか振動とかというものにまで立ち返らないと、本当の理解に至らないということとつながってきますね。

伊藤　サイモン・バロン＝コーエンは、女性のほうが共感する力が強いと言ってますね。[*4]

植島　男女というのも生まれたときから違っているんですよね。ゆりかごの中に赤ちゃんがいて、僕も経験があるけど、女の赤ちゃんというのは人の顔をずっと見て、親の顔を特に見て育つんだけれども、男の子って、その上で回っているモビールみたいなのをずっと見てるのが好きだというんですね。僕もそうだったけれど、小学生になっても男の子は、車とか電車とか動くものにすごく興味を持つけど、女の子はやっぱり人間が好きでおままごとみたいなものを好むケースが多いのとよく似ている。

伊藤　宮古島のカンカカリャたちが全て女性なのは、女が男ほど左右の機能化が進んではいず、左右を自在に使える能力を保持している可能性があります。

植島　特に、さっき伊藤さんが言ったように、歌とか音とか振動などというものに対する理解度というのは、女性のほうがはるかに高いかもしれないですね。

伊藤　『神々の沈黙』は人間の意識の誕生に先立って、幻聴とか幻覚に基づいた別の精神構造、「神の声」があったのではないかという問題提起なわけです。人間は誰しも、こういう幻聴とか幻覚を起こす遺伝的な素地があって、それが「二分心」の基本になっていたが、やがて二分心の構造が崩れ、意識、言語が学習されていったというのが大まかな流れです。

植島　「二分心」ですが、その二つの間の損傷をかつては分裂病といったわけです。現在は統合失調症という言葉を使いますが、つまり統合ができない。右と左という分け方の間のトラブルが脳の最大のトラブルなわけで、かつては存在しなかったと言われてもいる。このトラブルを起こしたときの脳の状態は、トランスに入った宗教者の脳の状態に近いとも言われますが、当たっている部分もあるんじゃないかと思いますね。やはり**別世界のものを見る、感じる力というのは、特別な人が持っている**わけです。そういう意味では宗教者に限らないんだけれども。ただ、宗教者は特にそれで定義をしてもいいぐらい、非常に特別な素質を持った人だと思います。僕は学生時代、ずっと古代ギリシアを専門にしていたから、すごく丹念に歴史学者、ヘロドトスとか、トゥキディデスとか読んできたわけです。トゥキディデスの場合はわりと歴史的に淡々とした叙述なんだけれども、ヘロドトスについては、僕は幾つかの単語に全部丸をつけていったんだけれど、神託、占い、夢で歴史が全部動いている。それは注目すればするほど本当にそうだったわけで、歴史が動いていくときに、合理的な理由によって動くという描写、書き方は一つもなくて、全部きっかけになるのは**夢とか神託として先に現れてくる**。先に予言としてあり、後で事実が起こるという叙述法なんですよね。だから『神々の沈黙』の言っていることも一理あると思ったわけです。右脳、左脳という言い方をしているのは、今っぽくないけれども、当時は何らかの働きを持っていたんじゃないかという気はしますね。

伊藤　歴史のメカニズムにも関わってくるんですね。

植島　ここまで脳の右半球、左半球というように単純化して議論してきたけど、右半球の持っている本当の意味というのはよく分かっていなかったのではないかと思うんですね。ただ、注意しなくてはいけないのは、これをやっていくと、脳についてのやっかいな議論に入ってしまう。やはり、脳は人間の臓器の一つだというところを踏まえて議論しなければいけないと思います。

伊藤　宮古島の女性の歌い手が、まさにそうで、全身を一種の振動発声体にして歌うんですよね。ル・クレジオが、歌を支配しているのは、人間ではなくて歌そのものだと言ったのを思い出します。

植島　人はなぜ歌うのかという問いかけですよね。

伊藤　ル・クレジオは、歌によって幻視とか幻聴といった可能性に対し自分の扉を開いていくのだと言っています。

植島　共鳴ということですね。

伊藤　音の振動って、人体にすごく大きく影響するわけじゃないですか。筋肉でも血液の流れでも神経でも。音の波動によって動かされて、人間の体が共鳴器になって、波動が体の分子にも影響を与えている。脈拍にも音の振動は影響を与える。例えば、ドラムの音って人間の体の隅々にまで浸透していく。そして、それによって意識変容の状況が用意されていく。宗教音楽は、そういうシステムなわけですよね。

植島　特に悪魔祓いなどですね。言葉に還元できないシステムといえる。今、共感ということに興味があるので、そこに戻りますが、人間同士が共感するというのは一体どういうことなのかというと、やはり**振動を合わせること**だと思うんです。チューニングのような。声を合わせるとか、身振りを合わせるとか、共に動いて繰り返していけばいい。

伊藤　広い意味での、音とか音楽とか振動の領域ですね。新しいメディアとかテクノロジーがどんどん出てきて、コミュニケーションの図式全体を変化させていますけれど、考えてみると我々の周りには、従来では音楽とは思わなかった音が氾濫し、それらの多くが目に見えない形で精神に影響を与え続けている。その実態とか構造というのは何なのか、なかなかうまく把握できていないところがある。音や振動だけではないですが、我々は情報伝達に関して、トートロジカルにAをBに、BをCに置き換えていくばかりでなく、新しい意味が生成していく場に立ち会うような仕組みが大切になっているように思います。意識の精密化という、存在からの分離方向ではなく、植島さんがおっしゃった共感の方向が重要です。言葉のバリアーによる意識の網目の間隙を突いてゆくような、外から対象を認識するのではなく、内から一体化してゆく方向です。夢や二分心の位相も、そうした連続する営みに重なっているのではないでしょうか。

第11章　旅する身体

伊藤　広範なインスピレーションを得るために、旅や移動という方法があります。旅や移動の最中には、身体のほうが勝手に周りの変化する環境に反応し、これまでにない質の情報が全感覚的に入ってくる。

植島　僕もコンピュータに限界があるとしたら、身体を持たないことであり、動き回れないことだと思っています。**人間にとって、旅することよりも大事なことはないかもしれません。**

伊藤　旅は目的でも使命でもなく、想像力が生まれてくる泉のようなもので、移動することで新たな意識や感覚を手に入れることができる。共感の仕組みとしても重要です。旅が日常に組み込まれたかのように見える現代でも、まだ旅には大きな力が宿っているように思えます。旅というと僕はそういう意味で二十世紀の最初に書かれたジョセフ・コンラッドの『闇の奥』（一九〇二）の、ジャングルを流れる河を遡る旅を思い浮かべます。[*1]

植島　コンゴ河を船長として遡り、死に瀕するアフリカ奥地の象牙売買人を引き取りに行ったコンラッド自らの体験をベースにした作品ですね。『闇の奥』については、オーソン・ウェルズがどうしても映画化したいと思い、映画化権を取ったものの、すぐに断念して『市民ケーン』を撮ったのは有名な話ですし、スタンリー・キューブリックもその実現を図ったが叶わず、『2001年宇宙の旅』の後半にそれを反映させようとしたというエピソードもあります。そうそうたる映画監督がそろって映画化できず、ようやく一九七九年になってフランシス・F・コッポラの手によって『地獄の黙示録』として映画化されたけれど、それも舞台をベトナム戦争に置き換え、全面的にストーリーを書き換えることによって成立したものでした。なんで皆それほど『闇の奥』に魅かれたのでしょうね。

伊藤　起伏のあるストーリーがあるわけではなく、クルツという奇怪な人物の救出に到るまでの悪夢のような事件がパノラマのように展開してゆきます。ボートで河を遡ってゆくプロセスが時間を逆行する旅でもあり、文明の闇へ向かう探究の行為ともなっている。河を遡れば遡るほど、自己が揺らぎ、文化もブレてゆく。しかも自分は、自己の外側というか、自分をとりまく環境からしか見つけられないというメッセージもこめられる。地理的な探検や冒険の終わったことを示す二十世紀文学と称されますけど、もう一つの側面は、もはや人間が征服していく暗黒大陸とは、外部ではなく、**自らの内側の闇にある**という意味合いも含まれていたことです。旅に対する考え方がこの作品で大きく変質してしまいました。

植島　当時は冒険小説や探検記が全盛の時代だったのですが、『闇の奥』は一人の西洋人がアフリカの「闇」に出会って自己崩壊していく様をリアルに描いたという点で傑出していたのですね。恐らく人類学者マリノフスキーとの共通点もそのあたりにありそうですね。

伊藤　ええ。興味深いのは、コンラッドと、フィールドワークという概念を提唱したマリノフスキーが、同じポーランド生まれで親友だったことですね。彼らは共に故郷を失い、コンラッドは英語で小説を書いている。ほとんどイギリス人と言われているぐらいに巧みに。故郷喪失者であり、ある意味で本質的なエキゾチシズムが二十世紀において可能かと問いかけた人物でもある。しかもマリノフスキーが一九一四年から一九一八年にかけてトロブリアンド諸島滞在中に書いた私的な日記『マリノフスキー日記』は、『闇の奥』と同様に、ポーランド人としてのアイデンティティの崩壊や、文明の果ての倫理崩壊について書いている。二人とも西洋文明の果てるところで、自分のアイデンティティが崩壊していく脅威に抗うような人間の苦悩を描写した。

植島　確かに、コンラッドの偉大さは、コンゴ河を遡る旅が、同時に**人間の心の闇の部分へと戻っていく旅**であることを描いたところで、見事に旅の本質を言い当てている点にあるということですね。

伊藤　内と外がリバースしてゆく。

植島　旅をするというのは、ある経験の厚みがあって、それを自分のものに引き寄せることなんですよね。空間にアンジュレーション（起伏）があるという自覚は、普段、都会で生活しているとあまり出てこない。でも旅は、世界はそういう歪みがあって変化が激しいものだと認識するいい機会だと思います。コンラッドの旅で、あれだけ詳細に移動の記録を残して描こうとしたのは、そうした問題意識からだったのではないかと思いました。

伊藤　それは強く感じますね。

植島　まず、何か不可解なものがあり、それについての認識は後回しになるという描写の仕方も特徴的ですね。語り手のマーロウがクルツのところに近づくと、何かが飛んでくる。それが先住民の放った矢だと分かるのは少しタイムラグがあってから。黒人の操舵手が倒れたときも、彼が槍に突かれたと分かるのはしばらく後のことでした。クルツの拠点に入るときに、棹の先に何か丸いものを見るが、それがクルツの殺した現地人の首だと分かるのも、何ページも後になってから。つまり、人の認識というのは一周遅れのランナーみたいなもので、まずもやもやした感覚や経験が先にあって、それからようやく認識が立ち上がる。生き物のほとんどが感覚と反射によって生きている。たとえ脳の働きが増大したとしても、人間も例外ではないはず。

伊藤 それは旅のもたらす大きな感覚の変化ですね。移動の質が動物的ですね。ヴィクトル・セガレンが「永久に理解不可能なものがあるということを鋭く直接に知覚すること」がエキゾチシズムである、と定義したことも思い出します。[*2] つまり、旅をしていくプロセスで、我々には全く理解不可能なものがあるということを瞬間的に、写真のように知覚するという経験があるような気がする。

植島 普通に生活していると、脳が中心で、静止したかたちで物事を考えるけれど、旅は常に身体が移動し、脳がそれに追随するかたちだから、人が思うよりははるかに対照的なものだと思うんですね。

伊藤 脳が監視している隙間に、様々にルートができあがるみたいなことですかね。

植島　そうかもしれません。

伊藤　別の実体が動き始めて、別の感覚がわき出てくるみたいな……。

植島　ある意味では覚醒するようなことかもしれませんね。朝日新聞に次のような記事が出ていました。「ヒトの知性、6千年前ピーク!?」というのですが、[*3] 知性の形成には二千から五千という遺伝子が関係しており、一瞬の判断の誤りが命取りになる狩猟採集生活を送っていた頃は、知性や感情の安定性に優れた人が生き残りやすいという自然選択が働いたのだけれど、次第に農耕が広がるとそれがなくなってしまったというんですね。それを読んで、ひょっとしたら旅に出る行為は狩りや採集に出るのと似ていて、知性を高める行為なのではないかと思ったんですが。

伊藤　移動することにより獲得できる知性ということですね。

植島　僕は一年中ほとんど旅しているからもう麻痺しているけれど、身体は動いていながら、脳の活動がある意味停止しているケースであるとか、または身体は静止していながら、いつも脳だけが覚醒しているとか、そういうこともあると思います。

伊藤　旅をしていると、我を忘れる瞬間が沢山あります。コンラッドとマリノフスキーも移動する身体知から思考を引き出し、共鳴していたのでしょうか。

植島　先ほど話したように二人ともポーランド系ですよね。偶然というか、本当にすごい人々って、どこかで結びついている。ガルシア・ロルカとダリとルイス・ブニュエルがマドリードの同じ学生寮で過ごしたとか。あまり関係ないけど、マリノフスキーの孫娘と僕はニューヨークで一緒だったんです（笑）。『オデッサの誘惑』（一九九九）にも書いたニコラという女性で[*4]、「私のおじいさんも人類学者なんだけど、あなたと同じ職業よね、でも名前知ってるかな？」とか言われて、「誰？」って聞いたら、「マリノフスキー」って言われてびっくりしたことがありました。

伊藤　つながってる（笑）。

植島　思索的と思われている作家の多くが、若い頃に、多くの遍歴を重ねているという例は沢山あります。天才詩人のランボーからして、彼は三十七歳で亡くなったのですが、十五、六歳で故郷シャルルヴィルから家出して以来、度重なる脱出を経て、パリのモベール広場での放浪生活、ヴェルレーヌとロンドン、ブリュッセルと放浪を重ね、一八七五年には徒歩でアルプス山脈を越えてイタリア入りします。翌年にはオランダの植民地部隊に入隊し、プリンツ・ファン・オラン へ号でジャヴァ島へ行きますが、一度アラビア半島のアデンを経由しています。バタヴィアで脱走し、一八七七年にはストックホルムからコペンハーゲン、ノルウェーの最北端を極めたとも言われます。七八年には、スイスの雪のサン・ゴタール峠越えの後、イタリア経由でアレクサンドリアへ。年末から七九年にかけてキプロス島ラルナカのポタモス石切場で現場監督に従事し、恐らく最初の砂漠の洗礼を受けるといった具合で、このリストはまだまだ続きます[*5]。一般には、短い生涯のうち、前半は詩人として生き、後半はアフリカで武器商人として生涯を送ったと言われますが、それどころではなかったわけです。

伊藤　旅をすると、自分がそれまで思いもかけなかった能力を発揮したりするわけですが、身体が移動のシステムに入ってしまっているからなのだと思いますね。

植島　よく思うんですけど、内省的な哲学者とか作家とかアーティストと言われた人たちも、意外なことに皆よく旅をしているんですね。D・H・ロレンスなども、すごく旅をしています。一九一九年（三十四歳、大戦後）にイタリアへと向かい、シチリア島で詩「蛇」が書かれました。[*6] ロレンスはどうやら徹底的に母国を嫌っていたようで、その後も長い遍歴が続きます。一九二二年から二五年までセイロン（スリランカ）、タヒチ、オーストラリア、アメリカ、メキシコを旅している。ところが、メキシコでマラリアにかかり肺結核を再発させ、いったん英国に戻るも、やはりそこに滞在することには耐え切れず、再びイタリアへ。一九二八年（四十二歳）に『チャタレイ夫人の恋人』を完成させますが、その後も、スイス、バーデンバーデン、マジョルカ島、クロー島、南仏のバンドールと漂泊の旅は続きます。一九三〇年に南フランスのヴァンス近くで気管支炎（実際は結核）が悪化して息を引きとるわけですが、生涯を旅に費やしたと言ってもいいでしょう。享年四十四歳。このことはすごく大きなヒントだと思う。やむを得ない事情があったのかもしれませんが、想像力を鍛えることに関して、旅は特別な位置づけができるということです。人間の脳の働きは、今ある刺激だとか、読んだ本とか、観た映画とか、比較的決まったものに対して反応していくけど、旅しているときはそうではなく、普段では起こらないイメージの連鎖が、次から次へと出てくる。それが作家やアーティストの仕事を支えてきたという気がします。

伊藤　つまり外部を移動していくことによって、内部がどんどん奥行きを持ってくるみたいな……。違うパースペクティブが見えてくる。思考の質が変わる。

植島　ええ。このところ空想の旅と現実の旅ということをずっと考えているんですが、ほとんど重なってくるんですね。旅をする意味は、余暇に日常から離れてどこかに旅行するというレジャーの意味で考える人が多いと思うけれど、そうではない。哲学者とか、作家の主だった人たちが皆旅人であることに、前から興味があったんですね。モンテーニュは学生時代から好きでずっと読んできていますが、ものすごく思索的な人間です。『エセー』なんかを読むと、学識豊かで古代ギリシアやローマの知識がちりばめられ、そういう人だと思っていたら、実は彼は生涯旅人で、ずっと旅をしていたと分かって、すごくびっくりした。内省的で旅が必要ではなさそうな人たちが、なぜ旅をしていたのか。『闇の奥』ともつながるのですが、人間の身体は、例えばアフリカに行って蚤に食われたとか、ベッドが汚かったとか、そういうことに大きな影響を受けるということを再認識させられる。それが旅の大きな要素で、つまり、旅とは**身体性の移動によって、心がどれだけ変化するかと**

いう一つの実験みたいなものだと思う。非現実的なことや空想などが旅の中に入りこんで、自分の感じたことを中心にもう一度再構成されるのが旅だと思うんです。紀行文というと、行ったその場その場の印象を書き続けていくものと思われるけれど、そういう紀行文というのはあまり存在していない。芭蕉にしたって、彼が詠んだのは旅先での自然との出会いではない。芭蕉は観念が先行する人で、旅をしても風景などはさして見ていません。『おくのほそ道』を完成させたのは、旅を終えてから五年後です。あまりに遅すぎる。全てが頭の中でというか、書斎に一回帰ってから再構成されたものなんです。それは身体性の新しい発見とつながっていくのではないかと思います。

伊藤　ミシェル・レリスも、時間をかけて記述していますね。

植島　レリスは本当は詩人であって、人類学調査団の書記など務められるはずがないんですね。どちらかと言うと旅なんか一番嫌いなタイプの人間です。『幻のアフリカ』なんて最初から最後まで愚痴ばかりで、早くパリに帰りたいとか書いている。[*7]

伊藤　あるとき身体的な移動をしたことが、その移動をしているときは別にどうってことはないけど、長い時間をかけて不意に発光して、何か別の自分に気づかされることもありますよね。旅ではないかもしれませんが、激しい移動をすることで、意識の根源に、意識の自然に辿りつこうと修行する人たちも沢山います。

植島　人間の身体全体の一つひとつを分解し、その働きをもう一回再生させようという行

ラリベラ石窟教会群
エチオピアの世界遺産でもあるラリベラ石窟教会群を訪れる巡礼者は数多い。そこにはもう一つのエルサレムが描き出されているからだ。一枚岩を刳りぬいて造られた教会群は世界の石造建築の歴史から見ても大きく異彩を放っている。(撮影=及川哲也)

は修験《しゅげん》などにもありますね。全身を分節化して、一つひとつを覚醒させていき、一つの全体として再生させるというやり方です。それと相反するのが、僕の好きな奈良の天川村《てんかわ》などのように、行くとただ単に眠くなる、お風呂に入ったような気分になるといった場所で、母親の胎内に帰っていくというか、子宮の中にもう一回入って生まれ変わるというやり方ですね。

伊藤　修験の修行は、人間の身体の限界まで行って、そこで見えてくるものを感知しようとするじゃないですか。

植島　そうですね。

伊藤　そういう移動じゃなくて、カトマンズの寺院とか、天河神社でのような、まどろみながら移動していくというか、たゆたうというか、そういう移動もあって、どっちも移動の本質を捉えている。

植島　恐らく単純化すると、男性原理、女性原理みたいなものが働いているのではないかと思います。でも両方とも**中心になるのは身体の覚醒**です。意識とか思索をすることに頭が占められているのを、ぱっと捨てるのは難しいから、まず身体から再生させていく働きですね。

伊藤　身体が動くことによって心が動いてゆく。動きには方位とか重心とか位置とか熱とか、色々な要因もからまってきます。

植島　ええ。

伊藤　方位と言えば、身体教育研究所の野口裕之さんが、人間の身体には内的な時間があるように内的方位も存在していると指摘していました。例えば、人間は自分が生まれた場所のほうへ向かって正座したときに、腰が最も深く決まってくる。磁石が北を指し示すように、仙椎《せんつい》は人間が生まれた場所へ向かう。しかもその仙椎を調律してゆくと、生まれた場所の方位に角度をとったときに共鳴し、その共鳴は春が近づくにつれて強くなる。こうした身体の「内観」を展開してゆくと、最後にはその人を出産時の母親の身体へ辿りつかせる。仙椎は、その人の母の出産記憶を背負っているわけです。その話を聞いた時はとても驚きましたが、自分の身体と方位とか、母の出産記憶などということを考えてみて、人の身体にはそうした不思議な伝承のメカニズムがあってもおかしくないと思いました。

植島　法隆寺の宮大工だった西岡常一さんが語っていたのですが、木を伐って建築に使うときには、同じくらいの寿命を持たせるべきだと考えるそうです。しかも、南向きに生えていた木は南側にしか使わない。北向きは北側にしか使わない。そうすることによって、建物の保存年数が圧倒的に違ってくると書いている。人間も生き物だから、やはり体の向きによって、日の当たる側とか風が当たる側とかによって大きな影響を受けるということですね。

伊藤　そうですね。女性は、自分が出産するときに、母親が自分を産んだときと同じような身体感覚を再現しながら子供を産む。仙椎は脳幹と直結していますから、母親の出産体験の記憶を宿し、その母親の形見があるから、初めての出産のときでも恐怖なく出産できる。野口さんはさらに月経は、伝承された出産体験の更新の方法だと言っています。初潮から始まる月経の苦しみは、母親の記憶を自分の身体に移し替え同化させようとする試みだと。だから、出産体験をうまく活用して、母親の記憶を、次に自分が産む子供に伝えていくことができる。人間の身体は、そういう前世代の記憶を宿しながら循環している。そういう身体の問題は、別に脳とかの問題ではなくて……。

植島　身体そのものが、記憶している。

伊藤　宿している、大きい媒介物のような気がするんです。出産の追体験ということなら、ミラーニューロン（共感細胞）的なものも作用しているのかもしれない。

植島　そうですね。我々が使っている意味での共感とか共生は、人間が人間になったことのきっかけというか、根底にあったという気がするので。それが徐々に科学的にある程度理解されてきたというか。行動やしぐさだけで共鳴するのではなくて、相手の情動、笑いとか悲しみとかまで共鳴、共感し合うところにポイントがある。言葉を換えて言うと、「わたしたち」を抜きにして「わたし」は語れないということですね。それは非常に重要なポイントだと思います。

第12章

転生を生きる

植島　僕は、伊藤さんが最後に「転生」というテーマを出してくれたときには、とても意外な気がしたんです。伊藤さんはこういう危ない話題は避けてきたような気がして。転生は、むしろ宗教人類学者である僕のほうに近いテーマなのですが、なかなかやりにくいところがあります。

伊藤　そうですね。最近、自分が父親の生まれ変わりだと信じる、アレハンドロ・ホドロフスキーの映画『リアリティのダンス』（二〇一三）や、前にお話ししたアピチャッポン・ウィーラセタクンの『光りの墓』、フィオナ・タンの『アセント』（二〇一六）などを観て、これまでにない新しい転生のヴィジョンを感じたりしたことも大きいのですが。

植島　日本人にとって、転生という概念は、ある意味ではとてもいかがわしくて、例えば「あなたは天草四郎の生まれ変わりです」みたいに使われるので、扱うには抵抗を感じるテーマですね。ただ、よく考えると、僕が調査しているブータンやネパール、チベットやインドなどでは転生が当たり前で、宗教というより普通の生活にまで入りこんでいる。つまり、この地球上で二十億人くらいは転生を信じているわけです。インドだけをとっても、人口は既に十二億か十三億でしょう。それに様々な宗教を数えあわせていけば、現在でも随分**沢山の人たちが転生を信じている**と思います。恐らく地球上の人々の三分の一以上になるかも。日本でも約四割の人々が生まれ変わりを信じているというデータもあります。僕はネパールのクマリを題材にした『処女神——少女が神になるとき』（二〇一四）というフィールドワークの本も書きましたが、[*1] 彼女などは転生の最もいいモデルです。ネパールで国王よりも上位に位置するクマリという生き神様は、代々、仏教徒の少数派であるサキャ・カーストの人々の中から選ばれてきたわけです。学問的に取り上げるのと、転生を信じるのとでは大きな違いがありますが、いい機会なので、転生について少し話してみましょう。

伊藤 現代日本だと、それを信じたり、まともに向きあうことはなかなか難しい。

植島 転生というものが文化的伝統として存在しているのは確かなんですけれどもね。

伊藤 ええ。でも例えば、植島さんのシカゴ時代の恩師であるミルチャ・エリアーデは、転生の概念を抜きにしては語れない存在ですよね。

植島 そうですね。エリアーデがルーマニア語で書いた幻想小説、例えば『ムントゥリャサ通りで』や『令嬢クリスティナ』、『妖精たちの夜』なども含めて、ほとんどが転生ものです。ある日、大学教授や医師が失踪して全く別の世界へ行ってしまったり、突然ある夜、主人公が百年以上も前の世界に移されて、そこで起こった事件の目撃者となったりするものなどがあります。いずれもテーマは「魂の転生」と言い換えることができるのではないでしょうか。ただ、実際、シカゴ時代にエリアーデとそういう話は一度もしたことがなかったですね。

伊藤 植島さんは、今六十九歳ですが、映画『コッポラの胡蝶の夢』（二〇〇七）は、エリアーデが六十九歳で書いた小説が原作ですよね。

植島　原作は『若さなき若さ』という短編小説でした。*2

伊藤　それをコッポラが同じ年代で映画に撮ったんです。

植島　コッポラはこの絶対に売れそうもないストーリーの映画をすごく忠実に作りました。それも意外でしたが、何か心境の変化があったのではないかと思います。

伊藤　七十歳に近くなってこういう小説を書いたり映画を撮ったりするってどうですか。人生の老境に差しかかってきて、あがくような想像力を（笑）。

植島　ちょっとそれはどうなんですかね（笑）。人生もあと十年ぐらいだから、残り時間が少ないというのはあるかもしれないけれど。生まれ変わりということに期待を託したのですかね。このまま人生が終わったらあまりにも儚《はかな》いというか、もっと別の人生があったのではないかと思ってもおかしくはないですね。映画の中にも「遠い未来に誕生するホモ・サピエンスを超えた人類の可能性を示唆する」というようなセリフがありました。

伊藤　コッポラは、転生というよりも時間の問題をこの映画で扱っている。映画はいきなりブカレスト駅前で老人が雷に打たれ、そのときの電気ショックが原因で若者へ変化してゆく。そういう、直線的な時間の流れとは別の時間の様態についての映画であると。

植島　確かに「時空の錯乱」というのはエリアーデにとって重要なテーマでした。しかし、転生と言うと、例えば僕はまず、学生時代よく読んだヴァージニア・ウルフの『オーラン

ネパールの少女神クマリ
ネパール、カトマンズに残る生きた女神を崇拝する宗教行事。クマリに選ばれるのは仏教のサキャ・カースト出身の3、4歳児からで、およそ初潮を迎えるまで生き神として君臨する。(撮影=鯉沼広行)

ドー』という小説を思い出します。三百年という時を隔てて男から女へと転生する話です。それから、三島由紀夫の『豊饒の海』も忘れがたい。

伊藤　日本にも驚くほど沢山の転生物語がありますね。

植島　山田風太郎の『魔界転生』とか。どれも僕の好きな本です。だけど、このエリアーデのというか、『コッポラの胡蝶の夢』は少し違っている。舞台は一九三八年のルーマニアで、ストーリーの核心は、復活祭の夜に落雷に直撃された七十歳の言語学者ドミニクが、奇跡的に一命をとりとめたばかりか、回復とともに次第に若さを取り戻していくという話です。さらに、それとともに、信じられない超人的な能力をも獲得していく。当時、「百万ボルト以上の電流を流されると、人は根源的な突然変異を起こす」ということが、多分本当に信じられていたと思うんですね。

伊藤　最近、ブレイン・マシン・インターフェイスの研究で、そうしたことが探究されていますね。この間もイタリアのテクノロジー研究所チームが、五感からやってくる電気信号を脳がどのように解釈しているのかの数理モデルを作り出した。感覚組織に受容された刺激が電気信号に変換されて知覚を引き起こすという。この映画ではどのような情報も電気エネルギーのバースト（集中発生）に変えることができるという考えが示されています。いきなりで驚きますが。

植島　ええ。元々ルーマニアには、ブカレスト近郊にアナ・アスラン研究所という世界的に有名な「若返りクリニック」があって、特にこのエリアーデの「若さなき若さ」は、ルーマニアの人々にとって大事なテーマでした。

伊藤　映画はアナ・アスラン研究所でも撮影されていますが、脳内では常に電気活動が行われていて、記憶や人格も電気のパルスの形で存在でき、このパルスを再生できれば夢や思考、感情も再生可能なのかもしれないという考え方ですね。

植島　ルーマニアには、ちょっと神秘主義的で、異教的なところがあるのでしょう。この映画のきっかけは、やはり復活祭の夜に落雷に打たれて突然身体が若々しくなり、精神も変化していくところにあると思います。映画としては、そこに目をつけたナチスの連中が彼を追い詰めるというストーリーでした。一九三〇年代を舞台にした映画で、ちょうどナチスの最盛期でしたから。ナチスも電気エネルギーの脳への影響についてかなり研究していたんですね。

伊藤　映像的にも、夢の場面とか未来予知の場面が凝っていて、画面を中央から反転させたりして、時間の変形を表出しようとしている。

植島　ただ、原作では時間がテーマになっているんだけど、映画では、どちらかと言うと「分身」(ダブル)がむしろ強調されていませんか。映画では、電気ショックで自分の分身が出てきて対話するシーンが沢山出てきますが、本ではそんなに分身が強調されていなかったように思います。

伊藤　特に後半で、分身がメインになり、それがストーリーを複雑にしている。
植島　そうですね。電気エネルギーによる体組織の改変と言えば、忘れられない思い出がありますす。僕自身、脳の視床下部に強い電流を流された経験があります。ある種の治療ということで、実験に担ぎ出されてしまったのです。電流は間歇《かんけつ》的に流され、長い時間まるで感電したような状態におかれました。鼻から電解液をつけた鉄の棒を奥まで差し込み、後頭部にも電流を受ける金属をつけて、確か一時間弱です。今から考えると、果たして脳の最深部にそんなことをしてよかったのかどうか。その後しばらくは感覚がやや異常になったことを覚えています。
伊藤　それはすごい体験ですね（笑）。映画の主人公ドミニクは、別れた恋人で別の男と結婚し一年後に亡くなったラウラと瓜二つの女性ヴェロニカと出会う。彼女は千四百年前にインドに住み、洞窟で瞑想していた少女ルピニの生まれ変わりだと言い、人類の言語の発生まで記憶していて、彼女を一種の催眠状態にして探究しようとする。
植島　ヴェロニカはもう少しで言語の発生時にまで戻れそうになるのだけれど、彼女の身体はどんどん老いていく。そして、死んだラウラと彼女がオーバーラップしてくる。そこでドミニクは彼女に別れ話を切り出すわけです。このまま一緒にいたらまもなく彼女は死んでしまうから、三～四ヶ月経って彼女の身体が元気になった頃に戻ってくるよと。しかし、ヴェロニカもラウラと同じで、彼と離れると、他の男と結婚して子供を産んでしまいます。ドミニクは孤独のうちにヴェロニカを想いながら死ぬというストーリーです。

伊藤 ヴェロニカを催眠状態で言語の起源にまで遡らせて、テープレコーダーでそれを録ろうとしたら、非常に正確なサンスクリット語を使う。彼女は知っているはずがないのに。

植島 ええ、彼女も雷に打たれて、電気エネルギーによる体組織の改変を受けているんですね。

伊藤 言語の発生の磁場までおりていくところを録音しようとするシーンはとても印象的です。これは実話に基づいている。言語以前とか記憶のメカニズムとか、色々な問題がそこに浮上してくる。

植島 そうですね。でも基本的なストーリーは、電気ショックによって若返り、もう一度違った人生を歩むということだと思います。ところで、この映画のパンフレットを読んでいたら、「高校時代の友人のウェンディー・ドニガーがコッポラにエリアーデのノートを送ってくれた」と書いてありました。それで映画化を考えるようになったと。実は、ドニガーは、僕の先生でもありました。

伊藤 そうだったんですか。

植島 若く美しい女の先生で、馬術やダンスが得意で、こんな三十代の女性が伝統あるシカゴ大学の教授になるの？ という感じだったんです。当時、シカゴ大学のディビニティー・スクール（神学部）の教授は、そうそうたるメンバーで、ポール・リクール、エリアーデ、ジョセフ・キタガワもそうだし、ガーダマーも来ていたから。人類学のヴィクター・ターナーや中国都市論で有名なホイートリーの授業までありました。そこに彼女が突然やってきて、彼女は確か「悪の神話学」というテーマで授業を行いました。ヒンドゥー教における悪とは何かというテーマです。その彼女が後に『カーマ・スートラ』を新訳し、それを基にして僕は『性愛奥義』（二〇〇五）を書いたわけです。

伊藤　インドが専門なんですね。インドの人は、そういう転生の概念を紛れもなく信じてますからね。

植島　ええ。

伊藤　ヒンドゥー教のバリ島の人もそうですが、切実に信じています。

植島　やはり、伊藤さんが言われるように、直線的な流れではなく、**円環する時間**という感覚なんでしょう。

伊藤　先程のアピチャッポンやフィオナ・タンもそうですが、最近注目しているアーティストたちは皆、そうした転生の概念に敏感に反応している。アニメや小説にも多いし、時代も何かそうした新しい転生のヴィジョンを求めているように思えます。

植島　そうですね。と言うか逆に、そもそもアーティストは、転生とか再生ということを考えてないとダメなのではと思います。

伊藤　アーティストは先人の記憶や経験を最もラディカルに生きなくてはならないし。

植島　ええ。僕は宗教学をずっとやってきたから、時間というと、まず聖なる時間と俗なる時間を考えるわけです。祭りとは俗なる時間から聖なる時間へと入り込むことだと教えられてきました。そして、いわゆる未開社会と言われる世界に住む人々にとって、どちらが本来的な時間かと言えば、聖なる時間のほうになります。人間は、「この現実に生きている世界は仮のものであって、本当の世界は別にある」と信じて、ずっと生きてきたわけですから。これはキリスト教でもイスラム教でも、どの宗教でも変化はないわけです。

伊藤　キリスト教に、転生的な考え方ってあるんですか。

植島　キリスト教は終末論を採用したから、最後にはイエスが復活して皆救われるので、厳密には転生はないと考えています。クロノス的な時間が彼らの時間概念だから。

伊藤　例えば、インドやインドネシアなどヒンドゥー教の影響が強い地域では、今この瞬間というのは必ず巡りくると考えます。長い時の流れを超えて、瞬間がまた巡ってくる。だから何が起こっても動じることなく、その悠久の時をじっと待っていることができます。ユダヤ、キリスト教的な、時間の一回性やヘーゲル哲学の歴史的時間の不可逆性とは異なっています。バリ島の人々が東京に来ると、その直線的な時間の速度が殺人的で、大きな不安を掻き立てられるらしいですね。

植島　そうでしょうね、よく分かります。

伊藤　クロノス的な時間は結局、人生を消費することでしか手にできない時間です。そのような時間は人間を物事の秩序に深く組み込んでしまう。苦しみや悲しみはこのクロノス的な時間に沿っていますが、**陶酔や熱情は、この時間の外に立つ**ことができます。

植島　古代ギリシア・ローマならともかく、西洋にはそのような円環的時間という考え方があまりない。近現代もまた否定してきた世界観ですが、例えば、バリ島では、今でも三つの暦があって、それぞれ循環する構造になっています。それは日本人にとってもなじみが深いものだということに注目したいですね。典型的なのは、能や歌舞伎の世界です。「井筒」も「道明寺」も「松風」もそうですが、能の曲目はほとんどが転生の物語です。

伊藤　『コッポラの胡蝶の夢』では、中国の膨大な漢字の歴史への言及も見られました。エリアーデやコッポラは中国にも大きな関心を寄せていますね。『胡蝶の夢』も荘子による説話ですし。

植島　自分は蝶になった夢を見ていると思っていたけれど、もしかしたら、蝶が、今の自分を夢見ているのではないか、という話ですね。

伊藤　夢と現実の区別がつかない状況の喩えとして使われますが、同時に、蝶として百年以上花の上で遊んだと思っていたら、目覚めたらほんの一瞬だったという、時間の儚さの喩えとしても受け止められていますね。どちらが本当なのかというよりも、どちらも真実であり、どちらも受け入れればいいという、転生につながる教えにもなります。

植島　転生と言った場合、母と子の関係が根源的なメタファーを形づくっているような気がします。特に巡礼とか聖地への移動というのは、基本的には母胎回帰の運動です。母胎回帰といっても、観念的にそう言ってきただけではなく、もっと具体的に、母親の胎内にいたときの記憶みたいなものが大きく関わっている気がします。我々は皆、象徴的に言うと、子宮の中に浮いている胎児と言えるのではないでしょうか。水の中に包まれているというか、水の音とか水の感覚みたいなものとか気圧とか、比喩ではありますけど、そういうことが関わっているのかなと思います。

伊藤 「母胎回帰」という言葉は使いたくないですが、具体的に、子宮体験や出生体験は重要だと思います。フロイトと喧嘩してパリに行った精神分析家オットー・ランクに出産外傷論がありますが、それは成人してからの神経症の多くは、出産に際しての心理的あるいは身体的な不安や外傷に基づくという考え方です。

植島 一時、そういう議論がすごく盛んでしたね。

伊藤 個人はもはや母胎に戻れず、母胎に代わり得るものを作り上げてゆく。人生の営みは、母胎という原初的世界を想像的・象徴的に作り上げてゆくことであり、そのプロセスを象徴的適応とランクは言いました。彼は精神病治療における医師と患者という関係の中で、母胎状況再現とその消失による外傷を再体験させることを重視してゆきます。ロナルド・D・レインなどの、子宮体験をリアルなものとして自分の中に取り戻すというか、身体を正しく取り戻すという発想にもつながっている。ホドロフスキーも、人間にとって根元的なセラピーは生まれ変わる転生であると信じ、それがサイコ・マジックという独特な療法へ結びついていった。そうしたことを扱った新作映画『エンドレス・ポエトリー』も公開されます。生まれる前に子宮の中で、どういう感覚や知覚を持って運動していたのかという、無意識的な記憶の掘り起こしが、人の魂を癒す高度な力を持っているということが、ある程度確認されています。

植島　精神の中で我々がうまく理解できない領域のほうが、我々の意識よりも遥かに多くのことを知っているということですね。我々の意識よりも多くのことを知っているものが我々の中に潜んでいて、それを理解するためには、人間は通常の状態ではいられなくなる、ということなのではないでしょうか。

伊藤　存在の意味が、「動き」により回復され、生きることに対して肯定的になる。生命力が高まるということでしょうか。ここでの転生とは、死んだら他の人間や動物に生まれ変わるといったイメージではありません。例えば出生体験の追体験のセラピーもそうですし、内なる他者と出会う様々な方法もそうだと言えます。集合的な無意識や形態形成場とも関わってくる。そんな大げさでなくとも、ある偶然のオペレーションによって自分とは全く異質な記憶層にひっかかってゆくような体験も含まれるでしょう。個体としての身体に閉じこめられた人間が結びつき、移動してゆく精神のあり方と言ってもいいかもしれません。一つの魂が自分というアイデンティティの下に次々と生まれ変わってゆくのではなく、大きな魂を一人一人の魂が形作っているような世界観ですね。

植島　なるほど。

伊藤　一人の人間には必ず両親がいて、父母の両方からＤＮＡを受け継いでいる。四人の祖父母と八人の曾祖父母と十六人の曾曾祖父母がいるという具合に遡っていくと、わずか三十世代前の十二世紀半ばには、同じ世代の直系尊属が十億以上いる単純計算になってしまうという。我々は想像もできないほど多くの複雑なものから合成されています。

植島　転生によってこの世の捉え方が違ってくるんじゃないでしょうか。もっとフレキシブルな、柔軟性のあるものになってくる。たった一回きりの生だから尊いというのは当然ですが、イマジネーションの中ではそうではない。**あり得なかった生についても考える**余地が生まれるんですね。

伊藤　それは**人間の魂を癒す高い力を持つ世界観**だと思います。自分がなぜ生きてきたのかが分かると、自分がなぜ死んでいくのかを理解できる。人間にとって根源的なセラピーというのは生まれ変わる、生まれ直すという動機づけなのではないでしょうか。『ギリシャの夏』でジャック・ラカリエールが「何度も生まれ直すことができる者こそが真の旅人だ」と言っていますが[*3]、「転生」のヴィジョンはその言葉通りで、移動、旅、動き、転移といった精神と結びついてきます。時代や社会は年を追うごとに情報密度が高まり、生きることに様々な制約が加えられ、メディアやコミュニケーションの病理も連鎖的に生じてくる。死んでいるのか、生きているのか分からないような世界の中に入ってしまった。これまで話してきたように、その背景には身体を介したアナロジーが消滅し、身体というミクロコスモスと、マクロコスモスが交流できなくなってしまった事態があげられます。脳を中心とした生活や行動が生を限定し、言葉の本質的な意味での旅や移動が不可能になりつつある今、それらを解き放つ新たな動きのヴィジョンが大切です。動けば動くほど、人は自分でなくなることが可能になり、移動すればするほど、人は自分を感じないで生きてゆける。それによって、いたるところに自己の起源を見いだしてゆける。動くことの価値は、単なる場所の移動ではなくて、**生の始まりに向かうということ**なのではないでしょうか。

植島　伊藤さんはいまから三〇年前に書いた『ジオラマ論』（一九八六）の中で、既に、「互いに相容れないものを巧みに共存させ流動させてきたはずの人間が、そこでは整合されえないものを妄想として抑圧し、下部へおしこめ、意識世界をクリアで秩序だったものだけで組み立てようとしてきた」と書いています。[*4] まさにその通りで、我々は「わたし」と「わたしでないもの」というフレームでは、何も理解できない地点に来ていることを自覚しなければならないのだと思います。

バリ島のタナロット、海の寺院のある海岸地帯
バリの火葬祭礼は人の灰を海に流すことで終わる。それが転生儀礼、人間が生まれ変わるために必要なステップなのだ。借り物だった肉体を天へ返す。借りていた肉体を自然の循環に戻してやることが火葬祭礼の基本である。(撮影＝伊藤俊治)

あとがき

伊藤俊治

本対談集は集英社の月刊文芸誌「すばる」二〇一六年七月号から二〇一七年六月号まで、一年にわたった連載「超越する身体――『あなた』と『わたし』をつなぐもの」をベースに加筆修正がなされたものだが、植島啓司氏との対談自体はその二年ほど前から折に触れ行われてきた。

グローバル・ブレイン、免疫系、ポストインターネット、通過儀礼、ミラーニューロン、幻影肢、エピジェネティクス、性淘汰、ホモ・デメンス、形態形成場、ミクロビオーム、夢と転生……この対談では、新たな時代に私たちが直面する問題群を、〝共感〟という生の始まりの視点から語り繋いできた。ただし、これまでしばしば語られてきた脳や意識の問題としてではなく、生命の働きの原点である身体の地平へ常に立ち戻りながら捉え直そうとしてきた。

私たちの時代はあまりに脳や意識の次元にコントロールを委ね、その弊害が大きな歪みを作りだしている。その集中しすぎた支配の一端を再び身体へ還してやることが、地球規模に拡大してしまった脳や意識にとっても望ましい方向なのだ。しかも実は脳や意識の働きは人間活動のごく一部にすぎず、私たちが把握できない無数のことが身体レベルでは起こり続けている。そのことを再び身体に実感させなくてはならない。

このような共感のレッスンは、まず「わたし」と「あなた」のモデルを再考することから始まった。手垢に塗《まみ》れた言葉だが今なお「わたし」と「あなた」を巡る問いは数多く繰り返されている。固有の人間存在などもはや存在しないのではないか、「わたし」と「あなた」は限りなくゼロへと昇華されつつあるのではないだろうか、あるいは「わたし」と「あなた」は究極的な特異点を目指し無限に増殖を続けているのだろうか。そのようなAI時代の「わたし」が「あなた」になるプロセスは様々に語られてきたが、この対話ではそうした地平を乗り越え、より実体的な身体の共感を開く道が模索されている。「あなた」は「わたし」の外部で対象化されうるものではなく、「あなた」は「わたし」の内部を生き、「わたし」が「わたし」であることと深く関わる。「あなた」は「わたし」の内なる時間を照らす鏡のようなものであり、「わたし」のリアリティの源泉なのだ。「わたし」は「あなた」を異物として退けるのではなく、共に震える体内異物のようなものにしなければならない。

こうしたことは「わたし」の想像力が新たに問い直されてゆくということである。「わたし」の中に「あなた」を感じるような異物が必要であり、「あなた」の中に「わたし」の起源を発見する経験や「わたし」であり「あなた」であるという認識が実装されなくてはならない。新たな想像力とは、そのような絡みあう共感のダイナミズムが「あなた」と

「わたし」の基盤であることを確認するワークなのである。

三年にわたって断続的に繰り返されてきた植島啓司氏との対話は、「あなた」の中に「わたし」が永遠に反響していることを探り当てる共感の想像力の訓練であり、共感を通し身体と心理の隠された物語を聞き取ろうとする実験だった。

思えば『ディスコミュニケーション』（一九八八）から三十年近い年月が過ぎようとしている。この三十年は個人的にはトマス・マンの『魔の山』のように過ぎていった時間だった。スイスのサナトリウムへ従兄を見舞う短い旅のはずがいつの間にか七年が過ぎていて、以降、時の経過が急速に曖昧になり、一週間なのか十年なのか、時の輪だけが回り続け、そこから抜け出せなくなっている。三十年振りの対談は、その「魔の山」のような時間から覚醒しつつ、さらなる夢を見るような不思議な旅となっている。

註一覧

はじめに

＊1―植島啓司・伊藤俊治『ディスコミュニケーション』（リブロポート、一九八八）
＊2―フランス・ドゥ・ヴァール『共感の時代へ――動物行動学が教えてくれること』（柴田裕之訳、紀伊國屋書店、二〇一〇）
＊3―Jurgen Ruesch, Gregory Bateson, *Communication: The Social Matrix of Psychiatry*, New York, W. W. Norton, 1951.
＊4―レヴィ＝ストロース「アメーバの譬え話」（出口顯訳、「みすず」二〇〇五年七月号、みすず書房）
＊5―ライアル・ワトソン『生命潮流』（木幡和枝・村田恵子・中野恵津子訳、工作舎、一九八一）
＊6―ジェイムズ・ティプトリー・ジュニア『愛はさだめ、さだめは死』（伊藤典夫・浅倉久志訳、ハヤカワ文庫SF、一九八七）

第1章

＊1―前掲『ディスコミュニケーション』参照
＊2―クリス・アンダーソン『フリー』（小林弘人監修・解説、高橋則明訳、NHK出版、二〇〇九）
＊3―ピエール・クロソウスキーらの議論を参照
＊4―植島啓司「VR《ヴァーチャル・リアリティ》時代の宗教は?」（「GRAPHICATION」一九九二年十月号、富士ゼロックス）
＊5―フィリップ・K・ディック『アンドロイドは電気羊の夢を見るか?』（浅倉久志訳、ハヤカワ文庫、一九七七）
＊6―植島啓司「仮想環境システム」（『現代哲学の冒険15――ゼロ・ビットの世界』岩波書店、一九九一）

第2章

＊1―R・D・レイン『家族の政治学』（阪本良男・笠原嘉訳、みすず書房、一九九八）
＊2―Nicole Marthe Le Douarin, *The Neural Crest*, 1982. を参照
＊3―リン・マルグリス、ドリオン・セーガン『ミクロコスモス――生命と進化』（田宮信雄訳、東京化学同人、一九八九）

＊4―前掲『生命潮流』参照

第3章

＊1―V・S・ラマチャンドラン『脳のなかの天使』(山下篤子訳、角川書店、二〇一三)
＊2―ジャコモ・リゾラッティ、コラド・シニガリア『ミラーニューロン』(茂木健一郎監修、柴田裕之訳、紀伊國屋書店、二〇〇九)
＊3―前掲『脳のなかの天使』参照

第4章

＊1―二母性マウス。東京農業大学応用生物科学部バイオサイエンス学科の河野友宏教授の研究

第5章

＊1―前掲「アメーバの譬え話」参照
＊2―ウィリアム・H・マクニール、ジョン・R・マクニール『世界史I――人類の結びつきと相互作用の歴史』(福岡洋一訳、楽工社、二〇一五)
＊3―デイヴィッド・ホロビン『天才と分裂病の進化論』(金沢泰子訳、新潮社、二〇〇二)

第6章

＊1―前掲『愛はさだめ、さだめは死』参照
＊2―ロラン・バルト『S/Z――バルザック「サラジーヌ」の構造分析』(沢崎浩平訳、みすず書房、一九七三)
＊3―ニコラス・G・カー『ネット・バカ――インターネットがわたしたちの脳にしていること』(篠儀直子訳、青土社、二〇一〇)
＊4―「ニューズウィーク」(一九九四年一月二十六日号)
＊5―前掲「仮想環境システム」参照

第7章

＊1―ジェフリー・F・ミラー『恋人選びの心――性淘汰と人間性の進化Ⅰ・Ⅱ』（長谷川眞理子訳、岩波書店、二〇〇二）
＊2―チャールズ・R・ダーウィン『人間の進化と性淘汰1・2』（『ダーウィン著作集1・2』、長谷川眞理子訳、文一総合出版、一九九九～二〇〇〇）
＊3―ロナルド・フィッシャー、前掲『恋人選びの心』参照
＊4―マルセル・グリオール『水の神――ドゴン族の神話的世界』（坂井信三・竹沢尚一郎訳、せりか書房、新装版、一九九七）
＊5―ライヘル＝ドルマトフ『デサナ――アマゾンの性と宗教のシンボリズム』（寺田和夫・友枝啓泰訳、岩波書店、一九七三）

第8章

＊1―理化学研究所リリース「他人を記憶するための海馬の仕組み」（利根川進・奥山輝大、二〇一六年九月三〇日）等を参照

第9章

＊1―ＮＨＫ「世界・わが心の旅『ブエノスアイレス　放浪の果てに幸せはあるか』」（二〇〇一年四月八日放送）

第10章

＊1―植島啓司『聖地の想像力』（集英社新書、二〇〇〇）
＊2―ジュリアン・ジェインズ『神々の沈黙――意識の誕生と文明の興亡』（柴田裕之訳、紀伊國屋書店、二〇〇五）
＊3―一九三三年、ワイルダー・ペンフィールドは、てんかん治療の過程で、脳を電極で刺激することで記憶がよみがえる現象を発見した
＊4―サイモン・バロン＝コーエン『共感する女脳、システム化する男脳』（三宅真砂子訳、ＮＨＫ出版、二〇〇五）

第11章

＊1―コンラッド『闇の奥』（中野好夫訳、岩波文庫、一九五八）
＊2―ヴィクトル・セガレン『〈エグゾティスム〉に関する試論／羈旅』（木下誠訳、現代企画室、一九九五）

＊3―「ヒトの知性、6千年前ピーク!?」（朝日新聞大阪版夕刊、二〇一二年十一月二〇日）
＊4―植島啓司『オデッサの誘惑』（集英社、一九九九）
＊5―鈴村和成『ランボー、砂漠を行く――アフリカ書簡の謎』（岩波書店、二〇〇〇）
＊6―D・H・ロレンス詩集『鳥と獣と花』（松田幸雄訳、彩流社、二〇〇一）
＊7―ミシェル・レリス『幻のアフリカ』（岡谷公二・高橋達郎・田中淳一訳、イザラ書房、一九七一）

第12章

＊1―植島啓司『処女神――少女が神になるとき』（集英社、二〇一四）
＊2―エリアーデ「若さなき若さ」（『エリアーデ幻想小説全集第3巻』所収、住谷春也編訳、作品社、二〇〇五）
＊3―Jacques Lacarrière, *L'été grec: Une Grèce quotidienne de 4000 ans*, PLON, 1976.
＊4―伊藤俊治『ジオラマ論』（リブロポート、一九八六）

植島啓司（うえしま・けいじ）
一九四七年東京都生まれ。宗教人類学者。京都造形芸術大学空間演出デザイン学科教授。著書に『処女神──少女が神になるとき』『伊勢神宮とは何か──日本の神は海からやってきた』『聖地の想像力』『偶然のチカラ』他。

伊藤俊治（いとう・としはる）
一九五三年秋田県生まれ。美術史家。東京藝術大学美術学部先端芸術表現科教授。著書に『ジオラマ論』『20世紀写真史』『バリ島芸術をつくった男──ヴァルター・シュピースの魔術的人生』『電子美術論』他。

装画　白川昌生「Coyote#15」
二〇一六年、キャンバスにアクリル・木／28×34×6㎝
Courtesy of the artist and Maki Fine Arts

装丁　鈴木成一デザイン室

初出　「すばる」二〇一六年七月号〜二〇一七年六月号
（超越する身体――「あなた」と「わたし」をつなぐもの　改題）

共感《きょうかん》のレッスン　超《ちょう》情報《じょうほう》化《か》社会《しゃかい》を生《い》きる

二〇一七年一二月二〇日　第一刷発行

著者　植島啓司《うえしまけいじ》　伊藤俊治《いとうとしはる》

発行者　村田登志江

発行所　株式会社集英社
〒一〇一-八〇五〇　東京都千代田区一ツ橋二-五-一〇
電話　〇三-三二三〇-六一〇〇（編集部）
〇三-三二三〇-六〇八〇（読者係）
〇三-三二三〇-六三九三（販売部）書店専用

印刷所　大日本印刷株式会社

製本所　加藤製本株式会社

ISBN978-4-08-771127-1　C0095
定価はカバーに表示してあります。

好評既刊

植島啓司

『処女神　少女が神になるとき』

生きた女神として、今なお多くの人々に崇敬されているネパールのクマリ。厳しい条件を満たす三、四歳の女児が、仏教のサキャカーストからクマリとして選ばれ、およそ初潮を迎えるまでその座につく。クマリは祝日や特別な儀礼などをのぞき、退位するまで宮殿から出ることはない。なぜネパールに、生き神クマリの伝統が存在しているのか。その実態やルーツとは？　長年にわたるフィールドワークをもとに、クマリの謎とそれに繋がる大女神信仰の系譜を解き明かす。旅の記憶を織り込みつつ論じる、知的探究の書。

【文芸単行本／四六判ハードカバー】